一九
色鹿一

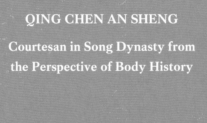

QING CHEN AN SHENG

Courtesan in Song Dynasty from
the Perspective of Body History

轻尘
暗生

身体史视角下的
宋代妓女

柳雨春　著

社会科学文献出版社
SOCIAL SCIENCES ACADEMIC PRESS (CHINA)

序

　　有关女性身体史的研究，自 20 世纪末期起步以来，迄今已在欧美学界取得较多成果，但在国内却仍然是个"冷门"，雨春在十多年前攻读博士学位之际便着手宋代女性身体史的研究，这一学术取向在当年堪称独步一时。

　　唯其如此，当年雨春以《宋代妓女若干问题研究——立足于身体史的考察》为题写作博士学位论文时，便备尝艰辛。

　　显而易见，尽管我们人人都有一个"身体"，它是我们生命的物质体现，是我们思想、意识的载体，但是，有关"身体"的定义，不同学科有不同表述，从哲学到医学，从伦理学到美学，以及现象学、文化学、政治学、社会学等，不同的表述多达数十种，各式诠释林林总总。那么，在历史学里，"身体史"的含义是什么？其研究目的、研究对象、研究方法和路径如何？有关这些问题的探讨并无共识，也基本上没有可以直接借鉴的成果，雨春只能靠她自己拼命读书，独立思考。她有过焦虑和担忧，但也逐步形成了能够深度开掘而且逻辑自洽的研究框架，找到了乐趣和信心。

雨春注意到，女性主义者早就指出"身体是一种有力的象征形式，文化中的主要规则、等级制度甚至形而上学的约定（metaphysical commitments）都记录在这个表面（surface），而且通过身体这一具体的语言得到强化"。所谓"身体史"，便是研究身体如何被塑造与再塑造的历史，研究身体所承载的文化、所记录的历史。而宋代妓女作为特殊的边缘群体，其身体上的文化历史烙印比常人更加丰富、鲜明而深刻，于是，她的研究便试图从此入手，从边缘群体的边缘问题来还原和揭示宋代女性生存的状态及其变迁，探讨女性身体所承载的政治、经济、文化蕴涵，这是一种不仅有意义而且十分有必要的尝试，具有重要的学术价值。

尽管分析框架和切入角度是雨春在开展研究时颇费周章的难题，但她也清醒地认识到，最应当重视的问题，仍然是史料的发掘和分析，研究时最基本的方法仍是历史学的文献资料法，包括传统文献与非传统文献。因此，她尽可能全面地搜集与整理、运用基本古籍，包括正史、政书、类书、方志、文集笔记、法律文书、儒医经典文献；考古发现，包括遗址、遗迹、墓志、碑刻；族谱、家训及其他私家著述；相关绘画、图像资料等：从隐藏在各类资料的草蛇灰线中展开分析探讨。

"及其为文（'文'本作'诗'，此乃借用），刌目钵心"。

雨春终于在2011年初夏如期完成了博士论文的写作，并顺利通过答辩，得到3位评审专家与5位答辩老师的好评。老师们都充分肯定选题的学术价值，不约而同地称赞其创新之处。其中，虞云国教授评价："本文最大的创新点在于借用西方'身体史'研究的新范式，以身体史为切入点，通过这一多学科交融背景下史学研究新范式的尝试，不仅拓展了女性史研究的空间，也深化了宋代社会研究的深度。"刘复生教授称道："视角新颖，是一种具有理论创新意义的尝试，学术价值可以充分肯定。"张全明教授肯定："选题有创新，有难度，有学术价值，有现实意义"；"视角独到，发前人所未发，言他人所未言"。

现在，雨春又对她的博士论文做了进一步的修订，形成这部题为《轻尘暗生：身体史视角下的宋代妓女》的专著，即将由社会科学文献出版社出版。

雨春的这部著作，不仅具有开拓性的意义，而且整体结构严谨，论证周详扎实。书中不乏细致的考辨，譬如第三章第一节对营妓的考辨；书中亦可见深刻的剖析，譬如第三章第二节有关朱熹六次上书奏劾唐仲友案件的探讨；书中更有多处表现出作者宏阔的视野，譬如第二章第三节有关"妓女和市镇生活之间怎样互动"的思考。作者注意到，"妓女身体的消费性，无处可遁"；围绕妓女形成的市场，"联通了君、臣、百姓，在不同的时间，不同的空间，共同见证了欲望市场的膨胀。反之，围绕妓女所形成金钱、身体欲望的膨胀，使市妓市场更加繁荣"。作者紧紧抓住"身体"、"权力"与"互动"的主题，从对史料的深耕细读来展开研究，得出自己的看法。

值得注意的是，书中提出了不少颇具启发性的学术新见。譬如，在探究妓女与宋代社会日常生活的互动时，作者强调："妓女的身体是多种规训的产物，它也以特定的形象展示在不同的时空，对大众的日常经验产生影响。妓女的身体成为一种物化的景观，使她们挑战了既有的社会规范秩序，将自己置于良家女性之外，也使普通百姓、其他女性更加笃信于良家女子的道德行为规范。"再譬如，在进行了多角度的分析后，作者总结道："妓女的身体是家庭、社会、国家各种权力塑造而成的，也是性别关系塑造而成的，是男性权力主导下的产物，是宋代社会性别关系、性别规范秩序的一种体现。"并进而认识到，"不存在单方面的权力，在家庭、社会、国家施展塑造妓女的权力时，妓女的权力通过身体传递，对时代的文化、风貌产生了影响"。而对于有人因此将之归结为宋代妓女对于词曲、文化的"贡献"的说法，作者则犀利地指出："如果将以妓女身体及权力关系为代价的词曲传播称为'贡献'，而对文化之下的群体、性别、物质代价不加以思考，我们仍然不能够了解那个时代。"类似新见，不一而足。

就我个人而言，全书还有一点特别打动我，那就是对于人性的寻问。

我们探讨"妓"的问题，并不是为了猎奇一个香艳的话题，而是在追寻人性的根本。正像雨春在书中所说："妓女的身体不仅是社会结构的缩影、权力发生作用的场域，也是欲望、人性纠葛的场域。生理欲望、文化交流的诉求、品德操行的声名、财富的追求，妓女犹如这些欲望的折射镜，不仅反映了士人，也反映了整个社会变化着的价值观。人性的独立、坚强、贪婪、放纵、软弱、压抑、悲哀在妓女身体的物化中都有所展露。通过对妓女的观察、分析，我们可以发现和展示一定阶段、一定群体中的人性。"长时间以来，陈寅恪先生有关柳如是的研究给予后世深刻的启示，雨春的这本书可视为对陈先生经典研究的一个实证追随。

其实，对于人性的寻问，一直萦绕在雨春的心头。2011 年博三期间，她写过一篇书评《稻草上的幸福——关于〈浮生取义〉

的女性主义思考》，评介北京大学吴飞教授的人类学专著《浮生取义——对华北某县自杀现象的文化解读》，这篇书评的字里行间浸透着她对人性的关怀，对生命本原的追问。从根本上说，雨春之所以选择女性问题、身体问题作为自己的研究领域，正是源于这一点。

读博期间，雨春和低她一级的博士生陆溪作为最主要的成员，曾参与我主持的几个相关科研项目，包括国家社科基金项目"宋代妇女史研究——以女性身体为视角"、教育部规划基金项目"身体史视野下的宋代妓女研究"、武汉大学校级科研课题"身体文化与妇女发展"和"新视野、新成果：欧美的中国妇女史研究"。雨春自己还独立承担了武汉大学妇女／性别研究学位论文资助项目"宋代妓女问题研究"、武汉大学历史学院研究生科研基金资助项目"花属谁家——宋代妓女的身体属性"，都取得了预期的成果。在校期间，她还正式发表了数篇相关论文，如《所谓伊人——宋代士人对妓女形象的塑造》（俞湛明、罗萍主编《女性论坛》第2辑，武汉大学出版社，2009）、《宋代士人对妓女的规训与期待》（《黑龙江史志》2009年第14期）、《宋代国家对官员宿娼的管理》[《武汉大学学报》（人文科学版）2011年第1期]、《宋代商业中女性境况分析》[《北京理工大学学报》（社会科学版）2011年第1期]，每篇文章都有自己的独立创获。

而且，雨春还在2010年独立完成了武汉大学妇女／性别研究中心立项并资助的专项社会调查"中国古典名著对于高等院校在校女生主体意识的影响"，通过对湖北5所高校100多名女生进行问卷调查，了解她们阅读的类型、目的、获得信息等，分析她们的阅读与其主体意识中性别意识、竞争意识、独立自主意识、期望值等层面的相互影响情况，提出有针对性的建议对策，以期对当代女大学生的发展有所启发。在此基础上，她撰写了《阅读的力量——中国古典名著对于高等院校在校女生主体意识影响的调查报告》，发表于《长春工程学院学报》（社会科学版）2011 年第1 期，并获得武汉市妇联组织的"武汉市妇女工作优秀调研报告和论文评选活动三等奖"。

时逢雨春这部立意新颖、富于挑战的论著出版之际，我为她感到由衷的高兴，不禁写下这些或显琐细的过往。

有关女性身体史的研究无疑难度极大，雨春的这部书也难免存在一些需要完善之处，诸如西方身体史理论方法与宋代妓女实证研究之间的有机融汇，对宋代话本小说相关史料的进一步发掘等，都值得继续思考和探索。我作为雨春当年的导师、如今的朋友，期待并相信她能在现有的基础上做出新的成绩。

杨　果

2022 年 8 月于昆明

图表目录

绪 论

　　鲁迅先生在《唐宋传奇集》中收录了 45 篇传奇故事，涉及妓女的不足 10 篇。[1]其中一篇《虬髯客传》讲述了一个豪侠故事。隋朝末年，家妓张氏在司空杨素家中遇到了前来拜谒献策的卫公李靖，觉得李靖是旷世人才，深夜逃往其住处投奔。二人潜往太原的路上遇到虬髯客，张氏慧眼识珠，助李靖与虬髯客交往，并助其得到奇人的认可和支持，李靖同张氏后来辅佐李世民成就李唐之始，张氏就是"红拂女"。整个故事跌宕起伏，荡气回肠，但这只是历史中关于"红拂女"传奇的开始。还有一篇是《谭意歌传》。宋代，官妓谭意歌丧失

1　鲁迅校录《唐宋传奇集》，齐鲁书社，1997。

双亲后，被送入娼家。她聪慧有诗文才情，常常在州郡长官的宴
会上展露风采，后来得到刘相的支持得以脱籍。意歌结识张正字
后育有一子，但张正字由于父母不同意，一直没有办法明媒正娶
意歌。意歌得知张正字另娶后，自治田产，闭门不出，得到众多
人的称赞，他们为其鸣不平。等张正字的妻子去世后，意歌得知
了一切，同意了正字对其明媒正娶。故事里围绕着这两名女性的
有皇亲国戚、高官显宦、文人才子，也有普通百姓。在她们身上，
家庭、性别、阶级等的界限时而清晰，时而模糊，那她们如何在
复杂的关系中穿梭行走呢？

　　妓女是妇女中的特殊群体，[1]是处于各种权力作用的复杂社会关
系交织中的群体。但是，以性别研究的视角进一步细究，妓女的生
活状况、存在体系并没有非常清晰。即便以常用来描述妓女的"世
界上最古老的行业"进行概括，都不易理解：妓女是世界各国曾经
或现在都有的群体吗，如果是一种"行业"，那么是否存在产业结
构，是否具有明晰的行业规则，有没有行业崇拜等都成为难以回答
的问题。近代意义上的妓女研究国外起步较早，研究视角较多元
化，潘绥铭曾将西方对于19世纪以来娼妓研究的已有成果归纳为十
大类29种理论解释进行总结。相对而言，西方研究对于性、卖淫
等的考察比较多，也有对妓女与社会关系的考察，对世界古老文明

1　近二三十年，学者越来越多地关注妇女史研究，宋代女性成为史学研究的对象。如郑必俊
　《论两宋妇女在经济文化方面的贡献》、张邦炜《两宋妇女的历史贡献》等突出了宋代
　女性的社会价值。对于杰出女性（如李清照、朱淑真等人）的研究也更加充分，对于士人
　家庭内女性的婚姻、生活状况也有更多了解。然而，对于底层女性、群体的研究还略显薄
　弱。郑必俊：《论两宋妇女在经济文化方面的贡献》，原刊于周绍良等编《周一良先生八十
　生日纪念论文集》，中国社会科学出版社，1993，后收入北京大学中国传统文化研究中心
　编《北京大学百年国学文粹·史学卷》，北京大学出版社，1998；张邦炜：《两宋妇女的
　历史贡献》，《社会科学研究》1997年第6期；〔美〕伊沛霞：《内闱：宋代的婚姻和妇女生
　活》，胡志宏译，江苏人民出版社，2004。

中娼妓的研究如《世界上最古老的行业——古希腊罗马的娼妓与社会》，以及近代对妓女较集中地区的研究如《市民与妓女：近代初期阿姆斯特丹的不道德职业》。[1]

　　何况，中外历史上的妓女存有显著的不同，这些问题在宋代又怎样表现？最终不得不问，到底妓女是哪些人？围绕着她们的生活状态和权力关系、结构到底是怎样的？就像美国学者贺萧（Gail B.Hershatter）所引 1935 年时改革者的一句话："其实这都是作者脑子里的妓女，作者耳朵里的妓女，你问他她们吃的究竟是什么，穿的究竟是什么，她们过这生活究竟情愿或不情愿，他就答不出来了。"[2]尽管学术界对宋代妓女从不同方面已有研究，但是上述情况依然存在。宋代的妓女是指以色艺为生的女性，围绕着她们的生存状态、权力关系、规则与制度并没有更具体的研究，这也促使笔者展开进一步的研究。

　　立足于身体史的研究视角，可以突破以往的研究模式。在以往"才子佳人"模式的记载与研究中，妓女多是痴情女子，形象高度相似；道德审判下的妓女研究，对妓女进行谴责或是赋予同情；学者多将妓女尤其是歌妓作为诗词传播中的媒介与工具予以研究，[3]往

1　潘绥铭：《近百年来关于娼妓的研究》，《湖南科技学院学报》2005 年第 3 期；〔法〕维奥莱纳·瓦诺依克：《世界上最古老的行业——古希腊罗马的娼妓与社会》，邵济源译，中国人民大学出版社，2007；〔荷〕洛蒂·范·德·珀尔：《市民与妓女：近代初期阿姆斯特丹的不道德职业》，李士勋译，人民文学出版社，2009。

2　〔美〕贺萧：《危险的愉悦：20 世纪上海的娼妓问题与现代性》，韩敏中、盛宁译，江苏人民出版社，2003，第 3 页。

3　如一些学者客观上说明了妓女在词学传播中的影响，但是多是从文人的角度出发，认为妓女是文人创作的应激源、素材，忽略了妓女在诗词创作、传播中所表达的感情和生活状态等方面的内容。如周健自《略论歌妓与宋词兴盛的关系》，《贵州文史丛刊》2003 年第 2 期。

往忽视了妓女群体的内部结构和话语（discourse）方式。[1]

如何能够对这些研究模式有所突破，20 世纪后半叶，国外身体史（history of body）的发展提供了不同的研究思路。身体是身体史中的核心概念。法国学者梅洛 – 庞蒂强调我们通过身体对世界进行感知，身体本身就是世界的体现。[2]福柯指出身体如何被权力生产、规训、[3]监控，身体与精神的"不正常"与"正常"状态，是如何被界定、管理、运作，以及"性"的话语权力是如何被获得，并被支配、使用。[4]

身体的概念不仅仅是哲学的，一方面，人口和疾患等问题作为对身体的关注方式之一，很久以来都是历史学的研究内容之一。正如福柯所言："历史学家早就开始撰写肉体[5]的历史。他们研究了历史人口学或病理学领域里的肉体。"[6]历史学家通过对生理基础的肉体受疾病的影响程度研究，揭示历史进程中人口的发展、社会需求等

1　学者对"话语"阐释越来越丰富多样，英国学者海伍德（Andrew Heywood）通过对福柯思想的解读，对"话语"一词做出了相关释义：在日常用语中，话语指的是"口头上的沟通、谈论与对话"；在技术的意义上，话语是"一种体现在特定语言中的专业知识体系，是一套组织见解和行为的思想形式"（〔英〕安德鲁·海伍德：《政治学核心概念》，吴勇译，天津人民出版社，2008，第 108 页）。在此基础上可以将话语理解为一种社会权力的建构方式，因此，本书中的"话语"是指特定的时期内，文本写作、日常交流等言语行为及其形成的权力形态。

2　〔法〕莫里斯·梅洛 – 庞蒂：《知觉现象学》，姜志辉译，商务印书馆，2001。

3　"规训"这一汉语词来自刘北成、杨远婴翻译福柯作品时的创建，现在此词的用法、词义越来越灵活，越来越广泛。在此处，笔者还是采用此处译者所想要表达的意思，即"规范化训练"（〔法〕米歇尔·福柯：《规训与惩罚：监狱的诞生》，刘北成、杨远婴译，三联书店，2003，第 376 页）。

4　〔法〕米歇尔·福柯（Michel Foucault）的相关著作不止于此，暂列几种：《规训与惩罚：监狱的诞生》；《不正常的人》，钱翰译，上海人民出版社，2003；《性经验史》（增订版），佘碧平译，上海人民出版社，2002。

5　此处翻译者采用了"肉体"的译法，相对于英文版翻译为 body（Michel Foucault, *Discipline and Punish: The Birth of the Prison*, New York: Vintage Books, 1979, p.25）一词，虽然表明了福柯这里所指生理身体的倾向，但是容易导致身心二元的理解。

6　〔法〕米歇尔·福柯：《规训与惩罚：监狱的诞生》，第 27 页。

问题。

　　但另一方面，历史学家曾经的研究方式，还没有涵盖身体概念的更多内涵，福柯为身体的历史研究内容做出了不同的诠释："肉体也直接卷入某种政治领域；权力关系直接控制它，干预它，给它打上标记，训练它，折磨它，强迫它完成某些任务、表现某些仪式和发出某些信号。"[1]身体是对特定历史时期权力作用方式、作用结果的再现与展示。要言之，身体不只是肉体，而且是权力实施的组成部分。身体是可以重新理解、为历史所用的概念、研究对象。

　　将这样的"身体"概念引入历史，极大拓宽了史学研究路径。英国学者彼得·伯克认为"身体史研究"是史学研究的新范式，经历了身体形态、强调身体经历和符号等研究阶段。[2]美国学者费侠莉将身体史定义为"一种经验或感知的历史"。[3]刘宗灵认为身体史应是"身体文化史"，"是以'身体'为视角来考察社会、文化与政治的变迁，以及'身体'本身的演变对当时人与当下的意义"。[4]不同的学者都肯定和发掘了身体史研究的内涵及意义。

　　由于身体的概念和身体史的研究内容还在发展变化，为方便

1　〔法〕米歇尔·福柯：《规训与惩罚：监狱的诞生》，第 27 页。

2　〔英〕彼得·伯克：《什么是文化史》，蔡玉辉译，北京大学出版社，2009，第 82—85 页。对相关学术史的梳理可参见欧阳灿灿《欧美身体研究述评》(《外国文学评论》2008 年第 2 期) 一文；周与沉在其博士论文第一章 "中国身体观研究述评" 中从 "比较文化视野中的身与心""身体：在大小宇宙互动网络中""形—气—心：从德性修养的观点看""作为思维方法、权力符号的身体""身心关系：情·修炼·身体感" 五个方面回顾了中国 "身体观" 研究 (氏著《身体：思想与修行——以中国经典为中心的跨文化观照》，中国社会科学出版社，2005)。

3　美国学者费侠莉强调两种身体史研究的广泛取向：再现 (representation) 的历史及感知 (perception) 或经验的历史。〔美〕费侠莉：《再现与感知——身体史研究的两种取向》，蒋竹山译，《新史学》第 10 卷第 4 期，1999 年，第 129—143 页。

4　刘宗灵：《身体之史：历史的再认识——近年来国内外身体史研究综述》，复旦大学历史学系、复旦大学中外现代化进程研究中心编《新文化史与中国近代史研究》，上海古籍出版社，2009，第 289 页。

利用身体史的视角开展对于宋代妓女史的研究，可以将"身体"概念及内容界定为：身体是认识世界的基础，是一切社会关系的承载者。这里身体的概念是对历史上建立在个体、群体之上生理身体规训的解读，是对投射于它的社会关系及社会关系规训话语体系的解构。同时，分析"身体"的过程，也是一个再建构的过程，是通过对微观个体的认知，最大限度地"深描"[1]，建构对性别、时代的认知。具体到本书来看，"身体"主要是指身体形象及塑造身体形象的权力关系，本书尝试以此来展开对宋代妓女的考察。身体史作为多学科交融背景下的新的史学研究范式，拥有广泛的生长点。总的来看，身体史是以身体为视角对一定时期政治、经济、文化权力关系及作用的呈现。

在作用于身体的诸多权力中，性别权力是一种非常重要的基本权力作用方式，美国女性主义学者斯科特（Joan W. Scott）认为"性别是权力形成的源头和主要途径"。[2]对于妓女而言，男性权力体现得更为明显。由此展开的身体史视角，借助于性别（gender）研究的辅助，可以深入对宋代妓女的研究，不仅仅关注对妓女生理身体的规训，而且对处在群体中的妓女权力体系进行分析。具体来说，宋代妓女的"身体"是多方社会关系的集中体现，国家对妓女的管理，国家对违犯规则者的规训，国家与士人的唇齿相依，文人与妓

1　深描的概念来自英国哲学家吉尔伯特·赖尔（G. Ryle, *Collected Papers*, Vol.1&Vol.2, London: Hutchinson, 1971），需要注意的是，吉尔伯特·赖尔对批判笛卡尔的身心二元论做出了显著的贡献，推进了人们对身体的重新理解。但是，是美国人类学家克利福德·格尔茨（Clifford Greertz）深化了深描（thick description）的内涵，"就是从极简单的动作或话语着手，追寻它所隐含的无限社会内容，揭示其多层内涵，进而展示文化符号意义结构的复杂社会基础和含义"，也就以此建立了从微观到宏观认识的途径（〔美〕克利福德·格尔茨：《文化的解释》，韩莉译，译林出版社，1999，第7页）。

2　〔美〕琼·W. 斯科特：《性别：历史分析中一个有效范畴》，李银河主编《妇女：最漫长的革命——当代西方女权主义理论精选》，三联书店，1997，第170页。

女的感情与心理寄托，女性与男性的灵肉纠葛，女性与女性之间的争夺共存，妓女群体及所形成的社区与外界之交往，各种关系的角力，都成为宋代妓女身体及相关话语构成之因素。

身体史视野下的妓女研究具有显著意义。正如学者们已经发现的"在'体面的社会'与它的非正式社团的连接处，妓女是所有那些所谓的边缘群体中最接近这个连接点的人"。[1] 妓女作为特殊的群体，她们由性别权力、各种社会关系塑造而成的身体折射出宋代社会各阶层的生活、精神状态，体现了人性之复杂、时代之风貌甚至是一个时代精神的变迁。借此，亦可深化对宋代社会特征的研究。

自宋到近世，对宋代娼妓的记载有所变化，宋代妓女"新声巧笑于柳陌花衢，按管调弦于茶坊酒肆"，[2] 是文士生活的风流渊薮；至清代时妓女"情之所近以引之"，[3]"可为文士轻佻者之戒"，[4] 强调文士面对妓女时要克制情欲之私；直至近世，娼妓之事仍属邪狭，不登学术之大堂。至 20 世纪二三十年代，随着各界对于女性地位的关注，对于宋代妓女生活、演艺状况也有了初步的研究；八九十年代，学术界渐渐活跃，宋代妓女的相关研究重新展开；20 世纪末至今，后现代主义、社会性别视角对相关研究深具启发意义。[5]

为了有利于本书的进一步展开，本书的学术回顾总体来说以宋

1　〔法〕安克强：《上海妓女：19—20 世纪中国的卖淫与性》，袁燮铭、夏俊霞译，上海古籍出版社，2004。

2　孟元老著，邓之诚注《东京梦华录注》，中华书局，1982，"序"，第 4 页。

3　徐士銮辑《宋艳》，舒驰点校，浙江古籍出版社，1987，附录"序"，第 1 页。

4　徐士銮辑《宋艳》卷二《窘辱》，第 45 页。

5　涉及宋代娼妓史研究成果的文章还有常建华所撰《中国娼妓史研究概述》，其文在回顾了通论中国古代娼妓问题的研究成果之后，又根据断代性探讨成果进行分述〔《中国娼妓史研究概述》，《历史月刊》第 107 期，1996 年 12 月，第 26—31 页〕。后收入氏著《婚姻内外的古代女性》，中华书局，2006。

代妓女史研究为主，同时涉及其他学科及其他时期对妓女问题的研究成果。下文将结合具体问题，以 20 世纪以来大陆相关研究为主进行回顾述评，囿于学力只能略兼及港台及国外研究。

一　戏曲、音乐史学界的相关研究

如前文所揭，宋代妓女中相当多一部分属于乐妓，并不是以卖淫为生，她们满足官方和民间的声乐戏曲欣赏需要。在此意义上，戏曲、音乐史界有专门研究或相关研究涉及宋代妓女。在此做简要的回顾。

王国维先生于 1919 年发行《宋元戏曲史》，[1] 被称为中国戏曲史的开山之作，对宋元及以前倡优源流，表演方式、内容等有创建式的研究。[2] 任半塘（二北）先生致力颇勤，成绩卓著，[3] 其研究虽多集中于对唐代戏曲之梳理，但对后世研究多有启发。其《教坊记笺订》厘清了唐代教坊的构成以及曲目名称，甚至部分伎艺人的名录。[4]

这些著述，为从戏曲这种“活化石”中了解宋代妓女演艺生活提供了一种较为便利的渠道，可以一窥妓女在唐宋元时期之文化贡献，其史料价值也不容小觑。陈万鼐先生以元杂剧《蓝采和》为

1　王国维：《宋元戏曲史》，上海古籍出版社，1998。

2　王国维先生相关著述甚丰，如《唐宋大曲考》《戏曲考源》《古剧脚色考》《优语录》等（主要收录于《王国维遗书》，上海古籍书店，1983），无论是在资料搜集，还是在成书体例等方面，都为后续研究奠定了较高的基准。憾海宁王先生之早殁，无能更展学识。

3　任半塘先生相关著述有《唐戏弄》（上海古籍出版社，1984）、《优语集》（上海文艺出版社，1981）等。

4　崔令钦著，任半塘笺订《教坊记笺订》，中华书局，1962。

例，考察了元代戏班优伶的生活情形，以及宋代杂剧角色的形象。[1]
还有一些论述专注于此，囿于篇幅，此处不再赘述。[2]

　　唐代音乐史的研究对宋代之研究颇有启发，如日本学者岸边成
雄的著作应该是里程碑式的研究成果，从音乐方面探讨了唐代的乐
舞机构、制度，并且通过唐、宋比较，深化了研究。[3]相对来说，宋
代音乐史的研究是宋史研究中比较薄弱的一环，可以说起步比较
晚，但是近年来亦有颇多成果问世，主题集中于音乐发展的整体概
括和制度研究。如康瑞军在全面讨论宫廷音乐制度的同时，注意区
分了元丰改制前后音乐机构的变化。[4]近年来还有一些学位论文致力
于此，如卫亚浩、刘媛媛等人的学位论文论述了宋代音乐机构、制
度的变化。[5]

　　具体关于教坊的研究，唐代始建教坊，颇引人关注，[6]宋代教坊
的研究，张丽、张国强、徐蕊等人有论著发表。[7]张影著述梳理了教
坊历代演变，考察了演剧内容，涉及教坊艺人的工作生活。[8]更为具

1　陈万鼐:《元代戏班优伶生活景况：以元佚名〈蓝采和〉杂剧为例》，文史哲出版社，2009。

2　如王宁《宋元乐妓与戏剧》，中国戏剧出版社，2003。通论中国优伶之生存状态的还有孙民纪
　　《优伶考述》，中国戏剧出版社，1999。

3　〔日〕岸边成雄:《唐代音乐史的研究》，梁在平、黄志炯译，台湾中华书局，1973。

4　具体有康瑞军《宋代宫廷音乐机构与乐官制度考述——以宋初至元丰改制时期为例》(《文化
　　艺术研究》2008 年第 2 期) 等论文，以及氏著《宋代宫廷音乐制度研究》(上海音乐学院出
　　版社，2009)；卫亚浩《宋代乐府制度研究》，博士学位论文，首都师范大学，2007；刘媛媛
　　《宋代宫廷音乐机构研究》，硕士学位论文，武汉音乐学院，2007；等等。

5　卫亚浩:《宋代乐府制度研究》，博士学位论文，首都师范大学，2007；刘媛媛:《宋代宫廷音
　　乐机构研究》，硕士学位论文，武汉音乐学院，2007。

6　柏红秀有多篇文章考证唐代教坊的源流，如《唐代第一任教坊使考》，《戏曲艺术》2005 年第
　　2 期；《唐代仗内教坊考》，《戏曲艺术》2006 年第 3 期。康瑞军:《晚唐五代宫廷乐官制度考述》，
　　《交响——西安音乐学院学报》2008 年第 3 期。

7　张丽:《宋代教坊乐队的沿革及其历史文化特征》，《音乐研究》2002 年第 1 期；张国强:《宋代
　　教坊乐制研究》，博士学位论文，中国艺术研究院，2004；徐蕊:《略论宋代教坊》，《黄钟（中
　　国·武汉音乐学院学报）》2004 年第 S1 期。

8　张影:《历代教坊与演剧》，齐鲁书社，2007。

体的研究有《宋代教坊之部色制度》。[1]还有一些文章涉及教坊问题，此处不一一列举。这些方面的研究对于了解宋代部分妓女所处的制度环境、工作内容有所帮助。

仍需指出，这方面的研究往往缺乏性别视角，对男、女乐人一概而论，性别是否造成了区别对待或在制度上是否有差别都较为模糊。并且此类研究多湮没了个人特性，亦不见个人与制度机构的互动等。当然也有一些文章通过乐籍制度下个体身份不同讨论女乐之声色"功能"。[2]

有些研究则转换了角度，从制度转向人。项阳在《山西乐户研究》中将乐户定义为"初始是统治者为礼乐以及声色之需要，以贱民之户籍而归之专门从事与'音乐'相关职业的社会群体"，并称其"专业贱民乐人"。[3]在对中国古代乐户制度进行概要梳理的基础上，作者结合正史材料与田野考察笔记、图像资料等，对山西乐户历史状况进行了发掘。其中对宋辽金元时期的乐户制度以及山西乐户在唐宋等时期的具体变化有所涉及。这也使我们不得不思考，历史上区域之间妓女生活的不同之处，进一步说，还有辽、宋、夏、金妓女制度等的差异。

二　文学界的相关研究

对于妓女文学贡献的关注，早在20世纪40年代胡文楷已在钩沉历代女性著作方面做出了杰出的贡献，其中也涉及对妓女诗文、

1　蔡菲、田可文：《宋代教坊之部色制度》，《天津音乐学院学报》2009年第3期。
2　程晖晖：《乐籍、妓籍、花籍之辨析——兼论乐籍制度下的女乐以艺为本、声色娱人的功能传统》，《音乐研究》2007年第2期。
3　项阳：《山西乐户研究》，文物出版社，2001，第3页。

词作的述考。[1] 直到 20 世纪八九十年代，宋代妓女研究在文学研究领域多有建树。如苏者聪《宋代女性文学》充满感情地审视了宋代历史上女性文学成果，在描述、分析宋代妓院炽盛后，论述了宋代妓女的才华，并具体至个人如温琬、马琼琼等人的文学历程。[2] 与之相类的还有《宋代女词人评述》[3] 等。有的学者进一步整理了宋代妓女的词作。[4]

宋代妓女文学贡献不仅在于妓女自身的文学创作，她们的传唱对宋词的重要意义也是毋庸置疑的。20 世纪 20 年代，胡适讨论了妓女与宋代文学的关系。[5] 后人于此也多有讨论，[6] 如谢桃坊《宋代歌妓考略》分官妓、家妓、私妓讨论了歌妓制度，并将宋词的发展兴盛归功于词人以及"弹泪唱新词"的歌妓。[7]

也有学者将宋代诗词文学和妓女的联系上升到一个高度，称之为"青楼文学"或者"青楼文化"。[8] 如陶慕宁著作虽然以"文学"命名，其内容多以"文化"概括，书中定位青楼妓女为不含家妓的官私妓女，并认为唐代青楼题材反映出"妓女与士人间方枘圆凿的爱情本质"，至宋青楼文化具有"颓靡情调"，或流露于"狎妓者的

1　王秀琴编集，胡文楷选订《历代名媛文苑简编》，商务印书馆，1947；胡文楷著，张宏生等增订《历代妇女著作考》（增订本），上海古籍出版社，2008。

2　苏者聪：《宋代女性文学》，武汉大学出版社，1997。

3　任日镐：《宋代女词人评述》，台湾商务印书馆，1984。

4　如刘莹莹《宋代妓女词人词作述》，《文教资料》2008 年第 3 期。

5　胡适选注《词选》，商务印书馆，1927。

6　此类文章为数甚多，如于宏《宋词传播中歌妓的角色特征》（《社会科学战线》2009 年第 8 期）等，文学专著中也常有涉及，此处不赘。

7　谢桃坊：《宋代歌妓考略》，朱东润等主编《中华文史论丛》1983 年第 4 辑，上海古籍出版社，1983。

8　此类专著有龚斌《情有千千结：青楼文化与中国文学研究》，汉语大词典出版社，2001；陶慕宁《青楼文学与中国文化》，东方出版社，2006。

尊卑意识"，或是"妓女本身的自惭形秽"。[1]

也有学者延伸了文学—文化—社会功能的研究方式，吴熊和先生具有倡行之功，其后学如李剑亮从唐宋词人与歌妓的交往、唐宋词中的歌妓形象等多方面考察了词与歌妓的关系，[2] 沈松勤著有《唐宋词社会文化学研究》。还有一些宋词与社会生活的研究中也涉及妓女情况，如杨万里《宋词与宋代的城市生活》等。[4]

一些通论性雅俗共赏之书，不可否认在研究角度如涉及心理研究、群体性格等方面具有启发意义，如闵定庆、谭帆等人之研究著作。[5]

三　历史学界的研究

宋代妓女的综合性研究，起步较早。20 世纪初，国内学者在内外交困的情境下，反思中国不能自强的诸多原因，认为女性之弱，影响到民族之弱。至 20 世纪二三十年代，在新文化运动影响下，社会各界对于女性解放做出了各种努力。历史学界诸多学者如陈东原对中国古代女性的社会地位进行了反思，认为女性倍受歧视与压迫。[6] 妓女问题因此也受到关注，王书奴的《中国娼妓史》则响应了该主题。[7] 这一时期关于宋代妓女研究的文章有王桐龄《唐

1　陶慕宁：《青楼文学与中国文化》，第 50、64 页。

2　李剑亮：《唐宋词与唐宋歌妓制度》，浙江大学出版社，2006。

3　沈松勤：《唐宋词社会文化学研究》（第二版），浙江大学出版社，2004。

4　杨万里：《宋词与宋代的城市生活》，华东师范大学出版社，2006。

5　闵定庆：《谐谑之锋：俳优人格》，东方出版社，2009；谭帆：《优伶》，百家出版社，2002；董乃强编著《话说青楼》，上海文化出版社，1998。

6　陈东原：《中国妇女生活史》，上海书店，1984。

7　王书奴：《中国娼妓史》，团结出版社，2004。

宋时代妓女考》、[1]宇亮《唐宋明三代的卖笑妇》，[2]全汉昇先生认为娼妓是一种作为生计的方式，[3]但是这一时期著作难免或多或少带有"五四话语"的痕迹。除以上所列，相关研究如李业勤《宋朝之歌妓》。[4]

20世纪二三十年代之后很长一段时间里，在中国，妓女作为一个特殊群体被通俗文学一再描述渲染，但是史学界并没有给予其更多的关注，或有关注也多以道德上的谴责为主。必须提的是，陈寅恪先生在此段时间（1964）完成了史学巨著《柳如是别传》，见微知著，以一人铺陈开来记述整个时代之错综，堪称绝唱。[5]

20世纪八九十年代，中国的妓女研究逐渐增多。大陆以娼妓为主题的通论逐渐增多，《中国乐妓史》、[6]《中国娼妓史》[7]主要是研究明清以前的妓女。《中国娼妓：过去和现在》[8]注意到了古今妓女具有明显的不同，并采取了不同的研究方法，也注意到现当代各地域的不同，但是对历史过程讨论不足，把古今问题整合到一本书中，其差异过于明显，并没有达到作者的初衷。中国妓女文化史的研究也持续到近现代，《中国妓女文化史》一书将女性文化概括为淑女文化、婢女文化、妓女文化、尼冠文化和逆女文化，总结"妓女文化作为一种病态型文化是最复杂、最令人费解的文化现象"，全书依据不同时期妓女类型为通史分期，以各类妓女的性质、作用、生活方式

1　王桐龄：《唐宋时代妓女考》，《史学年报》第1卷第1期，1929年。

2　宇亮：《唐宋明三代的卖笑妇》，高洪兴等编《妇女风俗考》，上海文艺出版社，1991。

3　全汉昇：《宋代女子职业与生计》，《食货》第1卷第9期，1935年。

4　李业勤：《宋朝之歌妓》，《新光杂志》第2卷第5期，1941年8月。

5　陈寅恪：《柳如是别传》，三联书店，2001。

6　修君、鉴今：《中国乐妓史》，中国文联出版社，2003。

7　萧国亮编《中国娼妓史》，文津出版社，1996。

8　单光鼐：《中国娼妓：过去和现在》，法律出版社，1995。

等为逻辑时序，为中国历史至今的妓女作史。[1]

　　台湾更早地接触到了国际女性主义发展的脉动，台湾大学1975年就开设了"中国妇女史"的课程，鲍家麟先生1979年组织出版了第一本《中国妇女史论集》，其中就收录了《中国娼妓制度之历史的搜究》一文，其观点——特权阶级"专一化的卖淫现象，实对于民间娼妓的蔓延有莫大的催迫力。而且在大体上讲，又和专制政治的命运相终始"[2]值得再思考。同一时期，断代专题研究成果也逐渐增多。如唐代有《唐伎研究》主要从文学成就方面进行了讨论，[3]《细说唐妓》对唐代妓女的组织、生活以及与士人的关系等都有较为详细的考证。[4]较晚些时候，有《唐代妓女的类别与性质研究》尝试勾勒唐代妓女之整体图像。[5]相较之下，这一时期史学领域似乎没有人为宋代妓女著书立传。马德程先生是此期较早对宋代妓女投以学术眼光的学者。其《宋代女优的社会地位》认为到宋时中国妇女的地位"降到最低"了，女优的出身、出路、血缘则多为辛酸。[6]但是，也有作品是不同于此的，刘师古（东郭先生）著《妓家风月》一书虽然做了一些考订工作，却因视角之偏颇，有失客观。其书开篇明义表明古代妓女"灵黠慧思以为主体架构的形质层面，描绘

1　武舟：《中国妓女生活史》，湖南文艺出版社，1990；武舟：《中国妓女文化史》（修订本），东方出版中心，2006，第9页。因修订本更加注意使用女性文化的内涵，与本书主旨更为贴近，所以本书所引内容以修订本为主。

2　高迈：《中国娼妓制度之历史的搜究》，鲍家麟主编《中国妇女史论集》，牧童出版社，1979，第118页。

3　廖美云：《唐伎研究》，台湾学生书局，1995。

4　该书较为全面、翔实地考察了唐代妓女的种种，文中在涉及具体问题时再详述（郑志敏：《细说唐妓》，文津出版社，1997）。

5　张福政：《唐代妓女的类别与性质研究》，博士学位论文，台湾政治大学，2001。特此感谢张福政先生慷慨赐稿。

6　马德程：《宋代女优的社会地位》，李又宁、张玉法编《中国妇女史论文集》第1辑，商务印书馆，1981，第84页。

出纤弱女性所体现为坚韧不拔的生存领域"，如果离开妓家，那么"中国艺文光辉，必将黯然失色"，似是意图公允地描述、评价古代妓女的社会生活。之后，且不论全书建立在作者自身之"生也跅弛，六十犹鲧，不免花柳征逐，色酒优游，阅历既多，感慨遂深"的体悟之上，仅就其书中所论"妓家的性格出于天性……是一种所谓的'本性难移'的低能心性，除了教育、宗教方式有些微逐渐改善的功能外，其它政治、经济、法律的力量去约束要求，几乎不可救药"、"妓女人性卑下，不图振作，习于嬉乐，雅不欲受礼俗所羁绊约束"、称狎妓为"罗曼蒂克的风光，人非草木，熟（孰）能遣此？"等来说，[1]实在不能说是建立在性别平等的基础上，甚至不能说是建立在人性平等的基础上，相对于"卑下"来说，作者是处于高地的。作者仍是将妓女物化后做出的评断，也就是说把"女性的自然体当作一种非生命的存在，一种无生命的物质，按照男性的社会需要与审美理想任意改变、任意塑造"，[2]妓女在作者的笔下人格受到了贬低。不过，这种对妓女"物化"的评价，其后很少出现在严肃的学术研究中。

　　20世纪90年代中后期至今，女性主义视角、国际学界的推进，使史学相关论著有了不同的面貌。比较有趣的是，国际学界在1997年同时出版了两本关于中国妓女研究的著作，并且，两位学者都选择以上海为考察区域，时段也以19世纪末20世纪为主，但是两书的写作手法大相径庭，法国学者安克强（Christian Henriot）《上海妓女：19—20世纪中国的卖淫与性》在注重史学的传统的基础上开展准确说是"卖淫史"的研究，意图为"中国妓女重述她

1　东郭先生（刘师古）：《妓家风月》，北岳文艺出版社，1990，"自序"第6、1页，正文第57、58、108页。

2　禹燕：《女性人类学——雅典娜1号》，东方出版社，1988，第74页。

们自己的卖淫史"，是论述真正的生命，而不仅仅是一些历史上的塑像或肖像。[1] 美国学者贺萧《危险的愉悦：20 世纪上海的娼妓问题与现代性》则是以后现代的手法记录了上海娼妓相关话语的形成过程。暂不论中国妓女史是否完全等同于卖淫史，但不可否认二书都是较为成功讨论妓女问题的著作，这也可以为宋代的研究提供一种视角和对既往成果、研究方式的反思。美国加州大学历史系教授柏文莉（Beverly Bossler）多年潜心之新作《妓、妾与女性贞节观》（*Courtesans, Concubines, and the Cult of Female Fidelity*）探讨宋元时期妓女、妾的变化以及贞节观的演变。宋代不断发展的经济和扩大的精英阶层使女性身体在消费、再生产中不断物化。随着北宋娱乐文化的发展，人们开始关注女性的家庭角色和社会稳定性，尤其是对妾和上层社会中的节妇在家庭中的地位展开了讨论。南宋妓女和妾在社会中普遍存在，引起了家庭和政府观点的冲突。由于北宋末期政治上的不稳定，文人通过赞扬节妇来鼓舞政治忠诚度。至南宋末期，家庭的稳定和政权的存续问题一直存在，而在墓志铭中，节妇作为忠诚的典范被一再宣扬。到元朝，受到文人赏识的有才华的妓女越来越多，但是她们的地位越来越低。理想的妓女形象与节妇也越来越接近。同时出现大量的作品赞扬节妇，不只是因为她们是行为典范，更是因为她们是儒家文化仍然存在的核心证明。作者揭示了儒家思想和性别之间关系的发展轨迹，宋元到明清性别秩序是如何建立以及其间的变化。该书是国际学界对宋代妓女专题研究的又一成果。[2]

在中国学界，张邦炜先生较早地关注到宋代性问题，并由

1　〔法〕安克强：《上海妓女：19—20 世纪中国的卖淫与性》，第 1 页。

2　Beverly Bossler, *Courtesans, Concubines, and the Cult of Female Fidelity,* Cambridge: Harvard University Asia Center, 2013.

"性"讨论到娼妓业繁盛的原因，认为宋代之盛况比唐代有过之而无不及。[1]

进入 21 世纪，中国学界唐宋妓女研究增多，但颇为遗憾的是研究成果在史料解读、研究深度方面突破有限。整体来说，对于妓女史的研究，海外学者的视角和思路更加开阔、更加多元化，中国学者较为注重实证传统。相形之下，目前国内的研究较为薄弱，缺乏高质量的长时段或者断代专题专著。以下笔者就不同问题进行分述。

妓女与士人的关系似乎是显而易见的，很多论著在讨论妓女问题的时候都会涉及二者的关系是否具有爱情因素，如《科举与女性：温馨与哀愁》一书就聚焦于科举背景下考生（士子）与妓女的交往关系是出于交换实际利益的需要。[2]《青楼场域之分析》文章角度和立意新颖，在分析妓女与狎客等群体关系时，引入布尔迪厄（Pierre Bourdieu）"场域"[3] 的概念，分析了娼妓与狎客之资本、青楼内部的竞争、青楼在文学和科场中的活动，实际上，是分析以青楼构成的关系网。[4]

宋代之相关研究有宋东侠《宋代士大夫的狎妓风》文，文章以士大夫为主体研究对象，认为"狎妓是大部分宋代士大夫精神生活的重要组成部分"，"宋代社会乃至整个封建社会对娼妓这一社会现象的默认以至支持，助长了士大夫的狎妓之风"。[5]俞兆鹏也持相似

1　张邦炜：《两宋时期的性问题》，《宋代婚姻家族史论》，人民出版社，2003。

2　高峰：《科举与女性：温馨与哀愁》，时代文艺出版社，2007。

3　"场域这一'力场'，是由各种社会地位和职位所建构出来的空间，其性质决定于这些空间中个人所占据的社会地位和职务"，"场域也是一种权力的分配场"。洪英雪：《青楼场域之分析》，《汉学论坛》第 3 辑，2003 年，第 122 页。

4　洪英雪：《青楼场域之分析》，《汉学论坛》第 3 辑，2003 年。

5　宋东侠：《宋代士大夫的狎妓风》，《史学月刊》1997 年第 4 期，第 115 页。

观点，认为朝廷纵容官员宿娼，其文《从朱熹按劾唐仲友看南宋贪官与营妓的关系》从官员嫖妓方式、危害及历史教训的角度对宋代官员宿娼问题有所探讨，并认为官员宿娼是封建社会和君主专制中央集权的政治体制无法避免的现象。[1]

《元代女伶之技艺与交游初探》一文从女伶的技艺类别、艺术表现出发，分析了伶人之间的关系，女伶与才人作家、官宦的交游关系，是对元代女伶较为全面的讨论。[2]此外讨论妓女与具体个人（如与柳永、范仲淹等）关系的文章不可胜数，不再详述。

但是我们仍需要注意的是，此类研究多不是以妓女为主体，甚少有文仔细考察妓女在这种关系中处于何种位置，为何采取此种方式交往，等等。妓女的个体往往被隐藏了起来。

在宋代社会城市生活中，妓女是非常重要的组成部分。许多著作如庞德新《从话本及拟话本所见之宋代两京市民生活》[3]、法国谢和耐《蒙元入侵前夜的中国日常生活》[4]、周宝珠《宋代东京研究》[5]、李春棠《坊墙倒塌以后：宋代城市生活长卷》[6]等城市生活之类的研究著作都关注到妓女问题，且注意到妓女对于城市中有些行业的影响，如宋代较为发达的餐饮业、演艺业等。[7]甚至国家某些商业制度也与妓女有着联系，张筱兑便由此得出"在一个试图

1　俞兆鹏：《从朱熹按劾唐仲友看南宋贪官与营妓的关系》，《江西社会科学》2005 年第 2 期。

2　余一霞：《元代女伶之技艺与交游初探》，《东方人文学志》第 9 卷第 1 期，2010 年 3 月。

3　庞德新：《从话本及拟话本所见之宋代两京市民生活》，龙门书店，1974。

4　〔法〕谢和耐：《蒙元入侵前夜的中国日常生活》，刘东译，江苏人民出版社，1995。

5　周宝珠：《宋代东京研究》，河南大学出版社，1992。

6　李春棠：《坊墙倒塌以后：宋代城市生活长卷》，湖南人民出版社，1996。

7　如龙登高《临安娱乐市场分析》虽未专论妓女之作用，但论及歌舞等娱乐市场与城市、商品市场的互动（李伯重、周生春主编《江南的城市工业与地方文化》，清华大学出版社，2004）。这方面的论文数量较多，还有如马德学《北宋时期的酒店盛况》（《兰台世界》2009 年第 9期）等。

重建儒家精神的时代里，国家反而成了妓院的大老板"的结论，意图"为人们提供一些认识宋代积弱的新的依据"。¹且不论张文结论是否妥当，但不容否认的是该文从某个方面反映了妓女与国家千丝万缕的联系。正如学者所言："对于经济和社会的变化，娼妓界是极其敏感的。她们的反应速度和适应速度都要比社会上的其他群体快得多。"²

　　比较有新意的是张宏《城市住居与中国古代娼妓制度》，从建筑史的角度研究了中国历史上娼妓业对城市布局发展的影响。³李金宇则强调青楼周边环境对妓女的影响与二者的互动。⁴

　　中国较早研究宋代城市中的妓女现象的专篇论文是徐吉军《论南宋临安色妓之盛及其社会根由》。⁵其后，宁欣对唐宋城市中的妓女存在有较多关注，其文选取有关唐宋城市的典型文本《北里志》⁶与《东京梦华录》，着力于论证唐宋都城妓女与城市之间的关系，城市社会变化对娼妓业的影响，使她们的身份、生活方式乃至经营方式、经营场所、经营对象都为之不同。⁷

　　对于女性形象的研究应该是多学科启发下的成果，史学领域已有一些深入的成果，如《宋人墓志所见女性形象解读》一文对墓志中所载的模式化的女性形象进行解读，并对形成"孝女""顺妇"

1　张筱兑：《论宋代娼优与榷酤之制》，《甘肃社会科学》2005 年第 3 期，第 161 页。

2　〔法〕安克强：《上海妓女：19—20 世纪中国的卖淫与性》，第 1 页。

3　张宏：《城市住居与中国古代娼妓制度》，《华中建筑》2000 年第 4 期。

4　李金宇：《从古代青楼环境看青楼女子的生活状态》，《苏州教育学院学报》2009 年第 3 期。

5　徐吉军：《论南宋临安色妓之盛及其社会根由》，中国古都学会编《中国古都研究》（七），山西人民出版社，1991。

6　根据《北里志》研究唐代妓业的文章还有巴冰冰《从〈北里志〉看唐代的市井妓业》，硕士学位论文，首都师范大学，2007；王晓鹏《从〈北里志〉看唐末长安歌妓的生活》，《兰州学刊》2009 年第 10 期。

7　宁欣：《由唐入宋都市人口结构及外来、流动人口数量变化浅论——从〈北里志〉和〈东京梦华录〉谈起》，《中国文化研究》2002 年第 2 期。

等描写模式的原因进行了阐释。[1] 刘静贞女士也是利用不同的文类，分析宋人对女性形象的不同侧写，如史传中"列女"到"烈女"的变化，士大夫记载中墓志、诗词中女性形象的差异，对前代女性的重新评价等，发现宋人记述中的冲突与折中，寻找宋人"认为可以为世人所知见的女性讯息"。[2]

妓女的形象研究也有多篇成果，一些研究选取文本或文类为依据，以其中的内容进行了分类总结，如《宋代传奇中的妓女形象分析》等，[3] 但往往只局限在文字上整理妓女容貌、身姿等内容，未及深论。

沈从文先生利用宋代《杂剧人物图》、丁都赛画像砖等图像资料，对于勾栏女妓的服饰、形象等内容进行了深入研究。[4]

此外，冯灿明讨论了妓女的信仰、出路问题，[5] 还有柏文莉、伊沛霞对家妓的关注，[6] 待具体论及时再详述，此处不赘言。

综上所述，可以发现，史学领域对于宋代妓女的研究仍有可深入之处，宋代妓女相关的管理体系，妓女同国家、士人、百姓间的权力关系，所形成的妓女身体形象等问题都有待拓展，而身体史视角下的研究则为解决这些问题提供了可行的路径。

另外需要说明的是，关于宋代妓女的研究也是女性史研究的题

1　杨果：《宋人墓志所见女性形象解读》，《东吴历史学报》第 11 期，2004 年 6 月。

2　刘静贞：《性别与文本：在宋人笔下寻找女性》，李贞德主编《中国史新论：性别史分册》，联经出版事业股份有限公司，2009，第 281 页。

3　陈霖、姚毅：《宋代传奇中的妓女形象分析》，《湖北广播电视大学学报》2008 年第 6 期；何新岭：《宋代传奇小说"名妓"形象的演变》，《广东技术师范学院学报》2009 年第 8 期。

4　《中国古代服饰研究》，《沈从文全集》第 32 卷，北岳文艺出版社，2002。

5　冯灿明：《中国古代乐伎为尼入道现象初探》，《艺海》2009 年第 5 期。

6　〔美〕柏文莉：《宋代的家妓和妾》，张国刚主编《家庭史研究的新视野》，三联书店，2004；Beverly Bossler, "Shifting Identities: Courtesans and Literati in Song China," *Harvard Journal of Asiatic Studies*, Vol.62, No.1, Jun. 2002, pp.5-37;〔美〕伊沛霞：《内闱：宋代的婚姻和妇女生活》。

中应有之义，因此本书亦会关注女性史研究的一些重要成果，例如《重读中国女性生命故事》是一部会议论文集，包括曼素恩、贺萧、钱南秀等人的 14 篇文章。这些研究横贯中国历史，可以使不同断代研究之间、不同研究领域之间相互砥砺。作者在寻找女性的故事时，不仅仅局限于传统传记文本，还涵盖碑铭、小说、诗文序言、书信、日记等广义上的传记资料，每一文类因其特殊的写作范式，条分缕析，都可以发现更多的信息，将这些信息与历史情境进行对照，非常有助于我们回到历史的现场，发现写作者的意图，也重新认识不同时代的历史。可以说该论文集的作者不仅仅是在寻找、回答问题，更重要的是对解读史料的方法进行了尝试，这些文章应该说是方法论上的示例。[1]

妓女是各种社会关系的集中反映，本书拟从多元的角度考察妓女自身及其与不同群体之间的关系，以及在此关系中所呈现的社会状况以及人性风貌。依此，全书的主要内容分五个部分，具体如下。

第一部分，主要讨论妓女的身体形象。涉及士人对妓女形象不同文类记述中所表现出的对于妓女色艺、品德等的特定期待，并比较妓女对于自己形象的描述与士人期待之间的异同。可以发现，妓女的身体与身体形象都不是自然形成的，而是由社会存在、社会关系、文化等塑造而成。士人作为知识文化阶层，具有强大的力量参与这个形象的塑造过程，他们对于妓女色、艺的讴歌既造就了妓女身体景观，也是造就这个景观的工具，而在这个过程中妓女被物化为一种展示品，由他人进行评估、消费。

第二部分，主要讨论家庭、社会关系中私妓的身体，包括家妓

1　游鉴明等主编《重读中国女性生命故事》，江苏人民出版社，2012。

与市妓相关内容。通过家妓在家内、外政关系中的作用分析妓女身体消费模式。对家妓拟分为三个层次进行探讨：一是家妓的来源，宋代家妓的来源更加多元化，除买卖、馈赠外，还有租聘等；二是家妓在家内起到的作用，如娱乐、生产、服侍等；三是家妓如何促成主人与他人之间的交流，以及表现主人的政治生活态度。

市妓的消费过程体现了身体规训与时空的关系。历史学研究的空间往往表现为"二维"的地图，现实的空间不仅有方位坐标、格局，而且充斥着各种文化，立体、丰满。在宋代的城市中，妓女是空间中的活跃因子，她们几乎遍布于城市的各个角落，传递着城市的隐秘、奢华。在节日和日常生活中，她们的活动聚集了众人的目光，填充了城市时间和空间中的虚点。普通的百姓在众多的场合、时刻与妓女相交集。百姓与妓女的关系有别于士人、国家，妓女的消费特性也深入百姓生活中，在这个过程中妓女的身体价值发生变化，并将自身置于社会对良家女子的规范之外。

第三部分，主要讨论官员、国家关系中官妓的身体。包括国家对官妓与官员关系的控制，以及国家对官妓的管理与消费，也就是为什么国家能够实施对官妓与官员关系的控制。

研究国家对于官妓的消费与管理，拟分为五个层级展开：一是对于基本概念进行厘清。营妓是地方官妓，不是军妓。地方官妓主要是由因犯罪没入官府和据年限卖入官府的女性构成，她们供官府差使。二是通过分析宋代国家视野中官员与官妓的关系来看国家对身体的控制。身体行为、两性关系的规训都是国家控制的手段，律令对禁止官员宿娼也有所反映。究其原因，除了唐宋之际道德价值观的强化，还由于官员群体逐渐专业化，这个趋势必然要求官员行为规范更符合行政体系运作的需要，禁止宿娼就成为国家实施权力的一个借力点。三是对官妓的组织管理进行分析。在县一级行政机构中，官妓由知县、县尉共同管理；在州一级行政机构中，官妓由太守和司理共同管理；不同州、县有所牵涉时，由上级管理或二者协调管理。四是官妓在应差使的过程中，具有一定的能动作用改变自己的处境，这种能动作用在诸多阻力中非常有限。

第四部分，"消费与仪式：官妓的差排、祇应与国家权力"，主要讨论地方官妓的消费与仪式作用。拟分两个层级展开：一是地方官妓籍入府衙后，所祇应活动包括迎送、宴会、庆典、节日等。二是在官府售酒过程中，官私妓女都要参与其中。国家利用妓女售酒的过程，在某种程度上体现了经济、仪式、政治之间互相平衡的动态过程。通过对上述仪式的分析，揭示身体的欲望成为重要的符号之一，妓女的身体价值不断流转，从国家、官员的特权到大众普遍消费的过程。

第五部分，"轻尘暗生"，概述妓女的身体历程和属性，并回到宏观层面，揭示本书以"身体政治"为题眼，以妓女作为主体的最终目的，是还原宋代个人、社会、国家的复杂互动关系。在这个过程中，权力的运作、利益的实现都应该是动态的，借此思考身体史视角作为理解宋代历史途径的可能性。

此外，本书的附录部分是笔者关于身体史和妇女史阶段性的认知，包括两篇文章：一篇是笔者将欧美对中国妇女史（960—1911）研究中新的尝试概括为对身体、文本以及权力经验三方面的观照，以此对 2000 年至 2013 年 7 月欧美汉学研究中的视野和成果有所了解；另外一篇是对于宋代商业中女性境况的分析，宋代有相当数量的女性经商者，士大夫对于她们的记述带有时代、性别、阶层的烙印。总体上看，经商女性多处于社会中下层，其经商的主要驱动力是生计，但其中也不乏竭力追逐利润者，部分经商女性为此不惜铤而走险。

高楼冥想独徘徊，歌哭无端纸一堆。

天壤久销奇女气，江关谁省暮年哀。

残编点滴残山泪，绝命从容绝代才。

留得秋潭仙侣曲，人间遗恨终难裁。

　　　　　　　——陈寅恪：《柳如是别传》，三联书店，

　　　　　　　　　　　2001，第 5 页

第一章 期待与现实：妓女的身体形象

娼妓，被称为最古老的职业，是古老文明绵延至今的社会遗存之一。几乎所有的国家在历史上都经历了妓女的繁盛时期，古老文明中古希腊、古罗马的娼妓对社会、文化产生了深刻的影响，[1]中国古代同样经历了娼妓业的发达时期。马可·波罗惊叹宋末元初时的城市景象："其（娼妓）数之多，未敢言也，不但在市场附近此辈例居之处见之，全城之中皆有。衣饰灿丽，香气逼人，仆妇甚众，房舍什物华美。"[2]不仅外来游客

---

1 〔法〕维奥莱纳·瓦诺依克:《世界上最古老的行业——古希腊罗马的娼妓与社会》。

2 〔法〕沙海昂注《马可波罗行纪》第 2 卷《补述行在》，冯承钧译，中华书局，2004，第 580 页。

叹为观止，即便是当世的文人墨客也迷醉其中，"凡京师酒店门首，皆缚彩楼欢门，唯任店入其门，一直主廊约百余步，南北天井两廊皆小阁子。向晚灯烛荧煌，上下相照，浓妆妓女数百。聚于主廊槏（檐）面上，以待酒客呼唤，望之宛若神仙"。[1] 宋代妓女以华丽形象进入了当时人的视野，也将这种信息传递至今。西蒙娜·德·波伏娃（Simone de Beauvoir）指出，任何特性都是取决于处境的一种反映。[2] 如其所言，女性的形象特性是特定时期、特定文化背景、不同群体的不同期待之下，种种权力妥协的产物。妓女的身体形象同所有女性一样都不是自然而然形成的，而是经历了权力规训塑造而成，并处于各种权力制衡之下。那么宋代妓女形象确如马可·波罗所见这般光鲜亮丽吗？这种形象又是怎样建立起来的呢？

第一节　士人理想中的妓女形象

宋代的妓女以身份、户籍为依据大抵可以分为两类：私妓与官妓。私妓，包括家妓和市妓，其户籍及身体的所有权暂时或长久为他人所有。市妓因所处场合不同可以分为勾栏瓦舍妓女、酒楼妓女以及妓馆妓女等。这些妓女多需要技艺傍身，但勾栏演剧妓女具有更强的专业性，主要表演杂剧、滑稽戏等，此中翘楚有如丁都赛之类，其形象不同于后两类妓女。官妓，包括地方官妓、教坊妓、太常乐妓等，其户籍归官府所有，形同官府或宫廷财产。

1　孟元老著，邓之诚注《东京梦华录注》卷二《酒楼》，第71页。
2　〔法〕西蒙娜·德·波伏娃：《第二性》，陶铁柱译，中国书籍出版社，1998，第8页。

　　总的来说，记述宋代妓女的各类资料，多还是出自具有书写能力的男性知识人，其中士人文集、笔记是最为主要的资料。士人是社会文化中的重要参与者、塑造者，是国家、百姓间文化沟通的途径之一。他们对于妓女的描述、评价可以代表一定时期的舆论氛围，所以，我们需从士人的笔下发现当时妓女的形象、发现士人对于妓女形象的期待与理想。妓女的形象包含着多层次的内容，她们的身体形象不只是生理意义上的，也是多种社会关系的映射。

一　期待与现实：传记《温琬》中的妓女形象

　　解读女性传记并不是一件易事。斯蒂芬·格林布拉特（Stephen Greenblatt）、路易斯·蒙特洛斯（Louis Montrose）强调"文本的历史性"（the historicity of texts）和"历史的文本性"（textuality of history），即一方面，文本产生于一定的历史背景；另一方面，历史的客观性受到质疑，历史具有文本的局限性。为女性所作的传记尤其如此，且常常表现出程式化的倾向。写作者受到性别、时代的限制，在不同时期对女性的行为有不同的期待，传记中常常会出现为亲人讳、为友人讳、为死者讳的情况。再加上作传的多是男性，他们对于女性生活细节的了解程度可能非常有限，这些传记一旦形成以后对社会又有教化和规范作用，也在塑造历史，后来读者所知的历史是文本呈现、限制、断裂的。想要在这个复杂的相互影响中捕捉女性的生命故事，研究者就要重构文本产生时的那个历史"语境"，还原当时的文化氛围，解读这些沉默与喧嚣，通过这些材料寻找真正的个体、了解当时的性别结构、重塑我们的历史认知。

　　在此，我们从一个宋人流传至今关于妓女的传记文本——《温琬》入手——因为它较为完整地记载了一名妓女从小到大，从良家女子成为名妓的生活历程——看看宋代士人为什么要记述妓女生活？他们笔下写实性的妓女形象如何？这个形象是否真实？同其他记述中的妓女形象有何异同？能否代表大多数妓女？

　　记述温琬生平的文本主要有三个。一是自称清虚子之人所作的《温琬》传，此外还有两个相关的文本：一是收入清虚子《温琬》传中，清虚子友人陈希言请求清虚子帮助结识温琬所作的信件；另一是蔡子醇为补清虚子记述之未载所撰《甘棠遗事后序》。以陈希言信件、《甘棠遗事后序》与清虚子所作传记《温琬》对比，可以补清虚子所述温琬之未及事件，也可以发现几个文本中异同之处。据行文判断，清虚子、蔡子醇都与温琬是旧识，陈希言为新识，所撰应该都有所依本。[1]

　　清虚子生卒何时、为何人不得而知。传记作于熙宁丁巳年（1077）冬日。[2]文中提及温琬为官妓时，太守是张靖，《宋史》不存张靖传，《续资治通鉴长编》中提及张靖熙宁五年（1072）仍在邠州（治今陕西省彬州市）任官。[3]笔者再考《温琬》所记其人名、时间、地理与史实大致相符，可知传记中所载温琬事件的背景、所体现观

1　这几个文本主要收录于刘斧撰辑的《青琐高议》之中。现《青琐高议》至少有以下两个版本：一是上海古籍出版社点校本，一是《四库全书存目丛书》影印清红药山房钞本。二者都收录有这三个文本，可以互相参照。如无特别说明，本书使用上海古籍出版社点校本。因《温琬》等文较为完整地记录了妓女的种种。

2　上海古籍出版社《青琐高议》点校本记，"熙宁乙巳仲冬浣日陈留清虚子"，对照《四库全书存目丛书》影印清红药山房钞本，所记相同。但熙宁间无乙巳年，与前文对照丁巳年清虚子有友相访，促成清虚子撰文，可知此处为谬，应为熙宁丁巳年，即1077年（刘斧撰辑《青琐高议》后集卷之七《温琬》，上海古籍出版社，1983；刘斧撰《青琐高议》后集卷七《温琬》，《四库全书存目丛书》子部第246册，影印清红药山房钞本，齐鲁书社，1995，第89页）。

3　李焘：《续资治通鉴长编》卷二二二，熙宁四年四月癸亥，中华书局，2004，第5402页。

念应是现实情况的反映。[1] 传记中记载了温琬生平：

> 本良家子，父遠，游商。致和中得风痹疾，期年而殒。无子嗣，甚贫，徒四壁立。母氏才举琬，辄委琬养于凤翔其妹之夫郭祥家，而只身也寓邸中，流为娼妇。[2]

温琬为家中独女，父亲过世后，家中贫困不堪，母亲将她寄养在亲戚家中，不久之后，温琬的母亲先流落为娼妓。温琬小时候就表现出聪慧的一面：

> 琬情柔，意闲雅，少不好嬉戏。六岁则明敏，训以诗书，则达旦不寐。从母授以丝竹，训笃甚严，琬欣然承。暇日诵千言，又能约通其大义。喜字学，落笔无妇人体，遒浑且有格。尝衣以男袍，同学与之居，积年，不知其女子也。[3]

到温琬 14 岁时，本来已经议亲，母亲此时却召她回家，温琬并不同意，甚至诉讼于官，不得已婚事作罢，随母亲回家。

> 琬见群妓丽服靓妆，以市廛内为荒秽之态，旦暮出则倚门，皆有所待。邂逅而入，则交臂促膝，淫言媟语以相夸尚。窃自为计曰："吁！我苟不能自持，入此流不顷刻耳。"嗟念恨

---

1 美国学者柏文莉则认为温琬生平几乎可以肯定是虚构的，但在论述过程中并没有说明考证依据（Beverly Bossler, "Shifting Identities: Courtesans and Literati in Song China," *Harvard Journal of Asiatic Studies*, Vol.62, No.1, Jun. 2002, p.12）。

2 刘斧撰辑《青琐高议》后集卷之七《温琬》，第 166—167 页。

3 刘斧撰辑《青琐高议》后集卷之七《温琬》，第 167 页。

不能自翼以避之。[1]

温琬回到家中后，毗邻众多妓女，认为其他妓女荒淫不可理喻，甚至起了轻生的念头，但是念及孝道，念及圣人身体不可毁损之教，担心自己离开后，母亲则无所依靠，会食不果腹，流离失所，几经挣扎，痛不欲生。但是顾及母意，也明白自己难免沦落为妓女。

> 未几，会有赂贿母氏求于（与）琬合者。琬知情必不可免也，自是流为娼。性不乐笙竽，终日沉坐，惟喜读书。杨、孟、《文选》、诸史典、名贤文章，率能诵之。尤长于孟轲书。[2]

温琬流为娼后，仍喜欢读书，史传经典都有诵读。声名逐渐远扬，"所与合者皆当世豪迈之士"，[3] 往来之人都是君子豪俊。但是母亲行为不检点，温琬难以面对此状，不得已之下出走他地，却被太守追回，系为官妓。请求脱籍不成，之后又随太守到京师：

> 其门常闭，罕得见之。是以《角胜图》无其名，而誉不播皇都也。时人欲得一见，往往推故，故人亦不足而谤之。其所接者，惟一两故人而已。居数年后，求去籍，遂所请。[4]

温琬闭门不出，多年后终于脱籍。清虚子还记有一事：

1　刘斧撰辑《青琐高议》后集卷之七《温琬》，第 167 页。
2　刘斧撰辑《青琐高议》后集卷之七《温琬》，第 168 页。
3　刘斧撰辑《青琐高议》后集卷之七《温琬》，第 169 页。
4　刘斧撰辑《青琐高议》后集卷之七《温琬》，第 171 页。

始与太原王生有旧，乙卯中，生战交趾，没于兵间。琬闻之至深恸哭。又召举浮屠者诵经累日，以荐生生天。人钦其能全恩义。[1]

温琬是至情至性之人，故交战死沙场后，仍为其请僧人超度。

经过上述铺陈，清虚子所记温琬的形象跃然而出：因家世不幸，流为娼妓的温琬，自幼好学，善读书，善诗词，不"同流合污"于其他妓女，其谦逊娴慧，"是非明白，诚鲜俪于天下"，[2]温琬品行之高洁，天下甚至难有匹敌者。

三个文本所述温琬生平都称自己是实事求是的记载，清虚子文章一开始就申明："大凡为传记称道人之善者，苟文胜于事实，则不惟似近乡愿，后之读者亦不信，反所以为其人累也。乃今直取温生数事，次第列之，非敢加焉。"[3]传记的写作传统造成文中多有为人隐恶扬善、夸大其词的现象。清虚子为了自己所撰文章的可信度，开始就指出了传记中此种现象，称自己为实录，是据实以记载温琬生平中的若干事件。蔡子醇观清虚子文后认为清虚子所撰大体属实："清虚子，雅厚君子人也，居常不妄毁誉。今为此传，事节首尾，颇得其实。"但是认为清虚子的记载中尚有缺漏，"惜夫尚有缺漏者，我为子言之，为我补述之"。[4]那么文章中果真句句属实吗？内容是对温琬生平的客观记载吗？作者又是怎样取舍材料的呢？这背后又有什么意图呢？这可以从三个文本的对照中看出一些端倪。

温琬的形象是神秘的，不为外人所知的。因为温琬"所居并邻

1　刘斧撰辑《青琐高议》后集卷之七《温琬》，第171页。

2　刘斧撰辑《青琐高议》后集卷之七《温琬》，第173页。

3　刘斧撰辑《青琐高议》后集卷之七《温琬》，第166页。

4　刘斧撰辑《青琐高议》后集卷之八《甘棠遗事后序》，第175页。

良家，其门常关闭，罕得见之"，[1]"平居所为崇重，经时足未尝践外庭，邻居亦不识其面"，[2]清虚子和陈希言都强调温琬足不出户，甚至不至外庭，但是她身为官妓如何能不抛头露面呢？作者抛开了据实以录的书写包袱，流露出刻画温琬恪守妇道形象之意图。尽管现实中宋代女子多有外出"治生"的现象，[3]但是士人仍怀有"女正位乎内"的社会秩序理想，正如司马光所言"男治外事，女治内事，男子昼无故不处私室，妇人无故不窥中门"。[4]在这种秩序中，女性最好不要出闺房。所以，清虚子和陈希言着意刻画了温琬秉持"妇德主内"[5]的行为方式，表明其很少出现在众人的视线中。

关于温琬的容貌，清虚子并没有直言，只是说妓女中以容貌出众者较多，而以德享誉的非常少，故其全文都建立在突出温琬品德的基调之上，未谈及温琬容貌。在引用陈希言书信时，尚未见过温琬的陈希言在猜测她为何知名于四方时，借他人之言有一句提及："夫何以得此誉于天壤间哉？其以色而后文耶？"[6]表现了陈希言及其所代表的未见过温琬真容的人们的好奇，但没有解开这个疑惑，只是肯定了温琬的端庄、"节操廉耻"，使轻浮之人不敢窥视。

蔡子醇则略略补充了人们的想象："礼貌雍容，绰约姮娥之思，实天赋与而非强使"，声音"清响，且和而圆。倾耳以听，历历如

1　刘斧撰辑《青琐高议》后集卷之七《温琬》，《四库全书存目丛书》子部第246册，第92页。

2　刘斧撰辑《青琐高议》后集卷之八《甘棠遗事后序》，第171页。

3　张金花对女性经商问题进行了较深入的考察，利用宋代文集、笔记、小说等材料分析了女性经商的类型、主要特征等（张金花：《宋代女性经商探析》，《中国史研究》2006年第4期）。

4　司马光：《司马氏书仪》卷四《居家杂仪》，据学津讨原排印本，王云五主编《丛书集成初编》，商务印书馆，1936，第43页。

5　《欧阳修全集》卷三六《万寿县君徐氏墓志铭并序》，李逸安点校，中华书局，2001，第532页。

6　刘斧撰辑《青琐高议》后集卷之七《温琬》，第171页。

闻钧天之乐，灿然有若锦绣之美，以辉辉乎入耳目"。[1] 虽未直笔温
琬的容貌，但是将其与嫦娥相比，经气度与声音的描写，已能让人
感觉到温琬之出众，宛若仙人。尽管如此，蔡子醇相较于清虚子的
描述更为接近人们对风月女子的想象，尤其还记有"琬最善语"，[2] 表
现出清虚子所未载温琬慧黠的一面。

三个文本都将温琬与一般妓女进行了比较，对于其他妓女的形
象并无过多避讳，记载有相类之处。容貌对于妓女而言，是安身立
命扬名的要素之一。清虚子言道："都下名娼，以色称者多矣。"[3] 也
说明名娼多以容貌形象出众而知名。在传记中清虚子借温琬之眼展
现了其他妓女的形象："群妓丽服靓妆，以市廛内为荒秽之态，旦暮
出则倚门，皆有所待。"[4] 普通妓女装扮华丽、谋求生计的场景被温琬
与作者视作荒淫污秽。蔡子醇指出一些娼妓可以在不得已情况下，
"赖金钱，活其生、养其亲"，是维持自己、家人生活的一种方式，
但更为苛刻地怀疑了"今天下之娼"的品德，"举性乎淫而志乎利者
也"。[5] 在清虚子与蔡子醇等人眼中，普通妓女虽然容貌姣好、妆服
华丽，但是品格低下。

书写者为了突出温琬"有节操廉耻，而不以娼自待"[6] 的形象，
如为仕宦家中女性作传一般，模糊了对其容貌形象的记述；[7] 为了烘
托温琬的德行出众，甚至记其"凡十有二月而诞"[8] 的异象。蔡子醇

1　刘斧撰辑《青琐高议》后集卷之八《甘棠遗事后序》，第 175 页。
2　刘斧撰辑《青琐高议》后集卷之八《甘棠遗事后序》，第 175 页。
3　刘斧撰辑《青琐高议》后集卷之七《温琬》，第 166 页。
4　刘斧撰辑《青琐高议》后集卷之七《温琬》，第 167 页。
5　刘斧撰辑《青琐高议》后集卷之八《甘棠遗事后序》，第 180 页。
6　刘斧撰辑《青琐高议》后集卷之七《温琬》，第 171 页。
7　可参见杨果《宋人墓志中的女性形象解读》，《东吴历史学报》第 11 期，2004 年，第 243—
　　270 页。
8　刘斧撰辑《青琐高议》后集卷之七《温琬》，第 167 页。

同清虚子更不惜以贬低其他妓女形象的方式为温琬做陪衬。仅仅是为了给这个奇女子作传吗？蔡子醇揭开了清虚子写作的真实目的："清虚子传意存讽讥，殆非苟作，欲人人致身于善地耳。"[1] 其实这也是蔡子醇愿意补《温琬》缺漏的原因。一方面，温琬刻苦读书、秉持节操的形象背后蕴藏士人劝讽世人的意图；另一方面，可以见到士人对于理想妓女形象的塑造。

温琬的"鲜俪于天下"也说明她只是妓女中的个别现象，只是理想的一种表现方式。宋代妓女是士人情感交流、社会交往的重要伙伴，士人期望中妓女形象表现也是多样的。

我们可以从不同的文类中看到不同的期待。具体来看，不同类型的妓女因为活动范围、雅俗之不同，相应的是，通常史料记载之"文类"[2] 或者史料遗存的重点也不同。所以，不只是史料所建立起的整体景观，单就某一文类记载的演变，都可以进一步挖掘其史料价值。

文字资料如下。

正史杂史。妓女出现在官方记载中，本来就是件吊诡的事情。如正史以记国家大事治乱兴衰为初衷，面对这些的时候，妓女的生活状态等毫无存在的意义可言，士人也不愿为此耗费笔墨，然而当妓女成为皇权某种意义的象征时，其参与人数的变化都是非常重要的，此时对于妓女就会事无巨细地记载。不仅如此，当影响执政能力时，妓女的言辞、行为都会被史家详细记录。所以，此类史料虽

1　刘斧撰辑《青琐高议》后集卷之八《甘棠遗事后序》，第180页。

2　文类例如正史、地方志、笔记、小说等，每一种都承载着多种文本，更进一步，王明珂先生做过很好的说明：文类"产生有其特定的社会与时代情境背景。一种文类持续被书写、流传，显示此种情境的延续存在。其内涵形式的改变或消失，也显示此种情境的改变与消亡。透过对文本或表征的分析，我希望了解的是一种'文类'所潜藏的'情境'或'社会本相'及其变迁"（王明珂：《羌在汉藏之间：川西羌族的历史人类学研究》，中华书局，2008，第3页）。

然对于妓女的记载相对较少，散见于不同时间、事件，但对研究国家对妓女的态度和主流价值观导向有着重要意义，也可以从中窥见国家对于妓女的管理等较为隐蔽的事情。

正史如《宋史》中《乐志》较为详细记载了宫廷乐人的变化，但是要仔细分析梳理其中妓女的情况，了解其中的权力、组织变化却颇为不易。正史以外如《续资治通鉴长编》《三朝北盟会编》中在记录制度及个人事迹时有涉及妓女之处。政书如《通典》《通志》《文献通考》《宋会要辑稿》也会在礼、刑、乐等部分涉及妓女，了解、比较唐宋妓女制度的变化对此都不能忽视。尤其是"乐"部分，对主题研究史料价值较高，但是这部分资料的解读难度相对较大，着实不易，最为典型如《太常因革礼》《政和五礼新仪》等。法律方面的史料如《宋刑统》《庆元条法事类》《名公书判清明集》等都有点滴但至为重要的记载。

文集、笔记与话本。在诸多文类中，文集、笔记应该是宋代妓女留下最多印记的地方。例如《梁溪集》《栾城集》等中有相传是妓女所作的诗词。但是，大量的诗词作品题材、用词、风格都相似，不仅如此，其中还有很多真伪难辨，不知是否为男性词人之代笔或是男性作闺怨词而错归为某妓女所作。笔者在阅读过程中，不得不一次次质疑。或许意图从其中辨析所谓的"女性的声音"是徒劳的，即便如此，其重要性仍不能回避，它们毕竟是宋代妓女留下的少数"声音"之一。士人的笔记、小说记载了较多关于妓女的生活、逸事等等。例如《东京梦华录》《梦粱录》《武林外史》《夷坚志》《青箱杂记》《春渚纪闻》等。

其他资料。宋代是类书编纂颇为辉煌的时期。目的不同所形成的类书包罗万象，如《太平广记》所载虽然有荒诞不经之处，但内容丰沛，是研究民间生活的宝库，其中对宋初及以前的妓女生活多有记载，有重要参考价值。《事林广记》是南宋时形成的日用百科式的民间类书，记载了市井状态、日常生活，其中《游艺》等就涉及民间妓女的生涯，是了解民间妓女活动，及百姓与妓女关系的重要资料。后世所编类书也有较重要的价值，如《奁史》，如《古今图书集成》明伦汇编的《宫闱典》及《闺媛典》《家范典》，博物汇编《艺术典》中的"娼妓部"等，都可以了解宋代妓女同其他女性生活之异同。

　　宋代志书的修纂有很大发展。地方志中所记内容多涉及地方风俗、地方人物。如《太平寰宇记》《咸淳临安志》中对地方人文环境都有记述，这对了解妓女在各地节日及日常活动等有所帮助。相较而言，石刻资料因其特殊的性质，宋代时对于妓女的记载并不多见。

　　图像资料。对于现今的人来说，图像资料的可贵之处，无疑是可以给人们以直观、感性的意象。梁启超先生说："实物之以原形原质传留至今者，最上也。然而非可多觏。……又如唐画中之屋宇、服装、器物及画中人之仪态，必为唐时现状或更古于唐者，宋画必为宋时现状或更古于宋者，吾侪无论得见真本或摹本，苟能用特殊的观察，恒必有若干稀奇史料可以发见。则亦等于间接的目睹矣。夫著作家无论若何淹博，安能尽见其所欲见之物？从影印本中间接复间接以观其概，亦慰情胜无也已。"[1]例如《韩熙载夜宴图》《西园雅集图》《清明上河图》等，还有墓室画像、壁画等，都是可以直观了解妓女生活的难得资料。此类资料数量虽然不多，但是可以对照文本，有利于解读妓女的形象以及生活状态。[2]

1　梁启超：《中国历史研究法》，上海古籍出版社，2006，第46—47页。

2　在这点上美术史研究可以借鉴。可参考范景中、曹意强主编《美术史与观念史》（南京师范大学出版社，2003—2020）的系列论集；〔美〕姜斐德《宋代诗画中的政治隐情》，中华书局，2009。

　　每一文类都体现了书写者对于自身、社会规范的认知、期待以及自我调适。士人在期望中一遍遍地描述、美化着自身的梦想，也在士人的期待与凝视下形成了有宋一代风采各异的妓女形象。

二　色艺：诗词和绘画中的妓女形象

　　妓女的身体与身体形象都不是自然形成的，都是社会存在、社会关系、文化所赋予的景象。士人作为知识文化阶层，具有强大的力量参与这个形象的塑造过程，他们对于妓女色、艺的描述既造就了妓女身体景观，也是造就这个景观的工具，而在这个过程中妓女被物化为一种展示品，由他人进行评估、消费。

　　与前代相比，宋代诗词的记述内容发生了极大变化，宋代"近世所谓正人端士者，亦皆有艳丽之辞"，[1]不同人对妓女、风月场合都有诗词表达。写作艳词与否不再是衡量是否为正人君子的标准，如司马光、张詠都有诗词写妓女。士人不用忌惮作艳词而遭他人的诟病，正因如此，诗词中的妓女形象更为直接地表现出士人内心对于妓女形象的期待。

（一）色

　　妓女的容貌姿态是士人词作中经常描写的主题之一。聂冠卿，大中祥符五年（1012）进士，官至尚书工部郎中，"词极清丽"，[2]但只有一首流传下来，"有翩若惊鸿体态，暮为行雨标格。逞朱唇、缓歌妖丽，似听流莺乱花隔。慢舞萦回，娇鬟低亸，腰肢纤细困无

1　江少虞：《宋朝事实类苑》卷三八《歌曲艳丽》，上海古籍出版社，1981，第491页。

2　《宋史》卷二九四《聂冠卿》，中华书局，1985，第9820页。

力。忍分散、彩云归后，何处更寻觅？休辞醉，明月好花，莫漫轻掷"。[1]对妓女唇、发、音、态都细致描述，从容到态都刻画入微，将妓女姿色描写到极致。其他文人亦对妓女的姿态、颜面、腰、足等身体部位做了描述。

姿态

　　　宫腰束素，只怕能轻举。（刘克庄《清平乐》）[2]
　　　舞态因风欲飞去，歌声遏云长且清。（张詠《筵上赠小英》）[3]
　　　力未胜春娇怯怯。（张炎《淡黄柳·赠苏氏柳儿》）[4]
　　　莹然风骨，占十分春意。（杨无咎《殢人娇·李莹》）[5]

所谓姿态，是指对身体外在形象的整体描述。宋人对于妓女体态偏好于轻盈、柔弱，所以词作中妓女常呈现出飘逸、弱不禁风却又有风骨的姿态。

颜面

　　　肤如红玉初碾成，眼似秋波双脸横。（张詠《筵上赠小英》）[6]
　　　盈盈醉眼横秋水，淡淡蛾眉抹远山。（赵彦端《鹧鸪天·萧莹》）[7]

1　吴曾：《能改斋漫录》卷一六《聂冠卿多丽新词》，中华书局，1960，第469—470页。
2　刘克庄著，钱仲联笺注《后村词笺注》卷四《清平乐》，上海古籍出版社，1980，第330页。
3　张詠：《张乖崖集》卷二《筵上赠小英》，张其凡整理，中华书局，2000，第20页。
4　张炎：《山中白云词》卷四《淡黄柳》，吴则虞校辑，中华书局，1983，第83页。
5　杨无咎：《逃禅词》，《景印文渊阁四库全书》第1487册，台湾商务印书馆，1986，第645页。
6　张詠：《张乖崖集》卷二《筵上赠小英》，第20页。
7　赵彦端：《介庵词》，《景印文渊阁四库全书》第1488册，第82页。

梅粉新妆间玉容。(赵彦端《鹧鸪天·欧倩》)[1]

对于普通女性的面容，士人很少有记述，但是对妓女却不惜笔墨。如对肤色、肤质似玉的形容，仅眼睛就有"秋波""秋水"等描述，细微之处尚有对眉毛的形容。

腰

满搊宫腰纤细。(柳永《斗百花》)[2]

酥娘一搊腰肢袅。(柳永《木兰花》)[3]

柳妒纤腰。(柳永《合欢带》)[4]

腰肢软低折。(刘潜《期夜月》)[5]

红绡学舞腰肢软。(晏几道《玉楼春》)[6]

词作中为了塑造妓女的姿态，多是以"纤""瘦""软"等词对腰肢进行描述，刻画出妓女柔弱的样子。

足

脸儿美，鞋儿窄。(秦观《满江红》)[7]

涂香莫惜莲承步，长愁罗袜凌波去。只见舞回风，都无行处踪。　偷穿宫样稳，并立双趺困，纤妙说应难，须从掌上看。

1　赵彦端：《介庵词》，《景印文渊阁四库全书》第 1488 册，第 82 页。

2　柳永著，薛瑞生校注《乐章集校注》卷上《斗百花》其三，中华书局，1994，第 14 页。

3　柳永著，薛瑞生校注《乐章集校注》卷中《木兰花》其四，第 143 页。

4　柳永著，薛瑞生校注《乐章集校注》卷中《合欢带》，第 131 页。

5　陈耀文辑《花草粹编》卷二二《长调·期夜月》，《景印文渊阁四库全书》第 1490 册，第 625 页。

6　晏几道：《小山词》其一七《玉楼春》，《景印文渊阁四库全书》第 1487 册，第 232 页。

7　唐圭璋编纂《全宋词》，中华书局，1999，第 606 页。

（苏轼《菩萨蛮·咏足》）[1]

　　洛浦凌波，为谁微步，轻尘暗生。记踏花芳径，乱红不损，步苔幽砌，嫩绿无痕。衬玉罗幨，销金样窄，载不起、盈盈一段春。嬉游倦，笑教人款捻，微褪些跟。　有时自度歌声。悄不觉、微尖点拍频。忆金莲移换，文鸳得侣，绣茵催衮，舞凤轻分。懊恨深遮，牵情半露，出没风前烟缕裙。知何似，似一钩新月，浅碧笼云。（刘过《沁园春·美人足》）[2]

　　整体看来，宋人审美中偏爱妓女较为纤弱，"如描似削身材"，[3]呈现出飘逸的风姿。士人词作中的歌舞升平以相似的方式表达出来，"朱唇""细腰""轻歌""曼舞"，妓女的形象在这种描述中逐渐同一了，看似具体而细微的描述并没有呈现出个体妓女本来面目。

　　其中尤为需要注意的是，宋人对足形的逐渐重视，同样表现在对妓女的身体期待中，以至于出现专门描写足部的诗词，要求也是相似的"窄""尖"，步伐则为"微"步。[4]《杂剧人物图》（见图1）弥足珍贵，我们从其中可以直观地看到当时伎艺人的妆容，包括足部。从人物的身材比例来说，图中两人足部显得纤小，一位只露出了足尖部分，与诗文中记载相符。

　　不同于才艺，装扮服饰是可以较快被其他女性模仿的。所以，

1　唐圭璋编纂《全宋词》，第414页。

2　刘过：《龙洲集》卷一一《沁园春·美人足》，上海古籍出版社，1982，第92页。

3　柳永著，薛瑞生校注《乐章集校注》卷上《斗百花》其三，第14页。

4　美国高彦颐抛开既往的道德审判态度，通过图像、缠足用品遗存、民间类书、访谈录等多样化的材料，试图推翻以往女性的"受压迫"形象，发现在缠足研究中一直属于附属品的女性在"缠足"中的能动作用，以及女性通过公众的、私下的身体语言完成的历史诉说（〔美〕高彦颐：《缠足："金莲崇拜"盛极而衰的演变》，苗延威译，江苏人民出版社，2009）。

图1 《杂剧人物图》[（宋）佚名，现藏北京故宫博物院]

资料来源：林虞生编著《人物画》，上海古籍出版社，1996，第110页。

可以想象当时妓女这种时尚对于女性和后世的影响。时人就对这种现象有所注意，江休复记司马光说："妇人不服宽裤与襜，制旋裙，必前后开胯，以便乘驴，其风闻于都下妓女，而士人家反慕效之，曾不知耻辱如此。"之后引《仪礼》："妇人衣上之服制，如明衣，谓之景，景，明也，所以御尘垢而为光明也。"表达了对女性妆容的不理解，觉得这种风尚"不可谓之无稽"。[1]

---

1 江休复：《江邻几杂志》，《笔记小说大观》第8册，江苏广陵古籍刻印社，1983，第19页。

（二）艺

妓女以声色娱人，其歌声是士人关注的重要资质，如欧阳修笔下所描绘："歌檀敛袂，缭绕雕梁尘暗起。柔润清圆，百啭明珠一线穿。樱唇玉齿，天上仙音心下事。留住行云，满坐迷魂酒半醺。"[1] 又有"唱歌须是玉人，檀口皓齿冰肤。意传心事，语娇声颤，字如贯珠"。[2]

琴艺也是其中之一，有时候是同歌舞相伴，像白沙宋墓中，墓主夫妻的壁画对面就是一组妓乐图，女妓分持不同乐器，共同伴奏（见图 2）。这也是她们重要的存身之道。

能诗赋也是妓女才艺的重要方面，张玉莲，"能寻腔依词唱之。丝竹咸精，蒲博尽解。笑谈亹亹，文雅彬彬。南北今词，即席成赋。审音知律，时无比焉。往来其门，率富贵公子"。[3] 还有些烟花女子聪慧勤奋，博闻强记，能歌唱、背诵名人诗词，唐州娼马望儿，能歌柳耆卿词，著名籍中。[4] 更如名妓李师师、温琬、严蕊等，《甘棠遗事后序》中录温琬词作 30 篇，[5] 她们比一般女子留下了更多词作。

书画、琴艺、舞蹈等才艺，妓女所学亦是多多益善，她们也多会研习，《方南康席上观赣妓秀英作墨梅竹》就记述了一位妓女习书画之态，"南州佳人号秀英，窃弄毛颖亲儒生。解衣傍若无我辈，疏梅矮竹真天成。公主朝妆弄眉墨，误作铅华污宫额。此君剑器藏锋

1　《欧阳修全集》卷一三一《减字木兰花》其五，第 2000 页。

2　王灼著，岳珍校正《碧鸡漫志校正》卷一，巴蜀书社，2000，第 27 页。

3　梅鼎祚纂辑《青泥莲花记》卷一二《张玉莲》，陆林校点，黄山书社，1998，第 281 页。

4　洪迈：《夷坚志》乙志卷一九《马望儿母子》，何卓点校，中华书局，1981，第 350 页。

5　刘斧撰辑《青琐高议》后集卷之八《甘棠遗事后序》，第 175—180 页。

图 2 《河南禹州白沙宋墓壁画演唱图》[（宋）佚名］

资料来源：宿白《白沙宋墓》，文物出版社，2002，图版肆"第一号墓前室东壁壁画"。

铛，张颠幻出公孙娘。我来忽见惊心目，张八何生魏何熟。酒酣耳热且勿喧，为我殷勤写双幅"。[1]

这些妓女给士人留下了深刻印象，她们谈吐不凡，技艺精湛，"多能文词，善谈吐，亦平衡人物，应对有度"，"善乐色技艺者，皆其世习，以故丝竹管弦，艳歌妙舞，咸精其能"，[2]也表现出士人在才艺方面希望被异性认同并同异性有所交流的期待，而色、艺皆具的妓女正是士人期待可以交流的解语红颜。

有的学者认为宋代士人对妓女是重艺多过重色，[3]这种说法有为宋代士人掩饰之嫌，士人在评价妓女时，其标准至少是色、艺并重的。

---

1 曹彦约：《昌谷集》卷一，《景印文渊阁四库全书》第1167册，第7页。

2 金盈之：《新编醉翁谈录》卷七，古典文学出版社，1958，第41页。

3 李剑亮：《唐宋词与唐宋歌妓制度》，第36页。

三　节义：史传中对于妓女的道德期待

　　妓女的身体容貌、举手投足、才华是较为外在、可观察的肉身部分。但"身体就是社会的肉身"，[1] 社会道德伦理、社会观念对于世人的影响，使妓女同样也局限于社会道德伦理的约束。史传往往具有道德教化的功能，其中对于妓女的描写，并不一定是社会中真实的妓女形象，但反映出一定的社会现实的动向，也呈现出对于妓女，乃至全社会道德、伦理的期待。

　　日本学者平田茂树在以《宋史·列女传》为线索分析宋代列女表彰结构时提到，尽管《列女传》是近乎"虚构的世界"，然而相较之下"在唐代的正史《列女传》，与节妇、烈女一同，特别强调了孝女之存在，而到了宋史《列女传》，节妇、烈女置于更加重点的地位"。[2] 实际上，在民间生活中，的确为节妇等女性建立了多种旌表方式以彰其德行。[3]

　　虽然妓女可与各色人等来往，但是世人理想中的妓女不是朝秦暮楚，而是"出淤泥而不染"的，可以以她们的方式保有坚贞与忠情。这样的妓女仍旧高尚，神秘、不易接近更显出她们的不凡，所以"名娼皆深藏邃阁，未易招呼"。[4]

　　这里的"节"，并不是以身体的幽闭为标准的，而是一种贞节之气。从士人对于妓女杨爱爱记载的变化中可以看出士人对于节

1　〔美〕约翰·奥尼尔：《身体形态：现代社会的五种身体》，张旭春译，春风文艺出版社，1999，第 10 页。

2　〔日〕平田茂树：《宋代政治结构研究》，林松涛等译，上海古籍出版社，2010，第 371—372 页。

3　铁爱花：《论宋代国家对女性的旌表》，《历史教学》（高校版）2008 年第 6 期。

4　周密：《武林旧事》卷六《酒楼》，古典文学出版社，1956，第 441 页。

义的理解。杨爱爱，本是钱塘娼家女。张君房，景德二年（1005）
进士及第，《岁时广记》载张君房文，称爱爱"年十五，尚垂鬟，
性喜歌舞，初学胡琴数曲，遂能缘其声以通他调"。后于乞巧节游
西湖时，"为金陵少年张逞所调，遂相携潜遁，旅于京师二年。逞
为父捕去，不及与爱爱别"。后来爱爱亦感疾而亡。[1]为文者因见爱
爱之旧物而感伤。数十年后，徐积再记爱爱生平，认为前人所记
爱爱生平并不属实，尤其认同苏舜钦所述"其辞淫漫，而序事不
得爱爱本心"，遂重新撰文以解"学者之惑"。这种疑惑应就是记
爱爱为何有私奔行为，仍然得到推崇的原因。"幼孤托于嫂氏，其
家即娼家也，左右前后亦娼家也。居娼家而不为娼事者，盖天下
无一人。""以小女子能杰然自异，不为其党所污，其已艰矣。"后
来离张生后，也不曾改嫁。徐积在此处并斥张生，以此对比"谓
之小节，是奇女子"，"古之所谓义烈之女者，心同而迹异"。[2]爱爱
虽然出于淤泥，有私奔之事，但仍是节烈女子。陈造在近百年后
观其故事流变就已经感慨道：

题六么后

爱爱少日淫奔女，爱爱死作贞烈妇。

东隅一跌收桑榆，竟得佳名传乐府。

男子处死正自难，此女励志雪柏寒。

至今挺挺在人目，诗翁作诗垂不刊。

谁番此诗入宫羽，檀唇缓歌细腰舞。

1　陈元靓编《岁时广记》卷二八《七夕下》，据学海类编与十万卷楼丛书排印本，王云五主编
　　《丛书集成初编》，商务印书馆，1939，第329页。

2　徐积：《节孝先生文集》卷一三《爱爱歌并序》，四川大学古籍整理研究所编《宋集珍本丛刊》
　　第15册，影印明嘉靖四十四年刘佑刻本，线装书局，2004，第617页。

　　　　直掩霓裳羽衣曲，更问离魂馈浆女。

　　　　且玩此舞空金卮，莫奏此曲增悲凄。

　　　　兰摧蕙枯昆玉碎，不如人家嫁狗随狗鸡随鸡。

　　　　百年佳丽终枯骴，汝名芬芳无巳时。

　　　　舍生徇义渠安之，而我更用兴悲为。

　　　　我悲所悲人不识，抚事怀人悼今昔。

　　　　翻云覆雨行路难，君不见买臣之妻彦升客。[1]

　　杨爱爱少时为私奔女，死时却是贞烈女的说法，清晰地表达出男性意图以女性身体构建贞节传说的过程。爱爱之事正是当时文人着意制造节烈女子的典型。

　　《宋史·列女传》中一例与此相似："郝节娥，嘉州娼家女。生五岁，母娼苦贫，卖于洪雅良家为养女。始笄，母夺而归，欲令世其娼，娥不乐娼，日逼之"，终因逼迫，不得已投江死。[2]在这个案例中，节义的重要性已经高于孝道。

　　流落为妓女，已是人生不幸之事，如果在挫折、不幸中仍能保持气度与操守，方可成为士人"发乎情"之对象，也定为士人所称赞推崇，故而有《义倡传》的出现，《夷坚志》记载：

　　　　义倡者，长沙人也，不知其姓氏。家世倡籍，善讴，尤喜秦少游乐府，得一篇，辄手笔口咏不置。久之，少游坐钩党南迁，道长沙，访潭土风俗妓籍中可与言者，或言倡，遂往焉。少游初以潭去京数千里，其俗山獠夷陋，虽闻倡名，

1　陈造：《江湖长翁集》卷一〇《题六么后》，《宋集珍本丛刊》第60册，影印明万历刻本，第420页。

2　《宋史》卷四六〇《列女传》，第13479页。

意甚易之。及见，观其姿容既美。而所居复潇洒可人意。以
为非唯自湖外来所未有，虽京洛间亦不易得。……卒饮甚欢，
比夜乃罢。止少游宿，衾枕席褥，必躬设。夜分寝定，倡乃
寝。先平明起，饰冠帔，奉沃匜，立帐外以待。少游感其意，
为留数日。倡不敢以燕惰见，愈加敬礼。将别，嘱曰："妾不
肖之身，幸得侍左右。今学士以王命不可久留，妾又不敢从
行，恐重以为累，唯誓洁身以报。他日北归，幸一过妾，妾
愿毕矣。"少游许之。一别数年，少游竟死于藤。倡虽处风尘
中，为人婉娩有气节。既与少游约，因闭门谢客，独与媪处。
官府有召，辞不获，然后往。誓不以此身负少游也。一日，
昼寝寤，惊泣曰："自吾与秦学士别，未尝见梦。今梦来别，
非吉兆也，秦其死乎？"亟遣仆顺途觇之。数日得报，秦果死
矣。乃谓媪曰："吾昔以此身许秦学士，今不可以死故背之。"
遂衰服以赴。……临其丧，拊棺绕之三周，举声一恸而绝。左
右惊救，已死矣！[1]

这位不知名的妓女出生于娼家，书写者也就在某种程度上设
定了义娼的生活处境，制造了一种可以供读者想象的可能性：也
许她不是自愿成为妓女，但除了继续做一个妓女外，她的生活与
身世并没有给她可供选择的其他生活方式。后来，她痴恋秦观，
痴情但不纵情，表现的不是对异性的爱慕，而是对文士、文化的
一种敬仰。也因此自秦观走后义娼就闭门谢客，"誓不以此身负少
游也"，颇似俞伯牙为钟子期断琴、自此难觅知音的行为。只不
过，妓女只能以克制的身体作为持礼的工具，以死成全自己为士

1　洪迈:《夷坚志》补卷二《义倡传》，第 1559—1562 页。

人知己的守身之志。

妓女中的翘楚也应像士人一样明辨是非、忠君爱国，《宋史·列女传》中记"毛惜惜者，高邮妓女也。端平二年，别将荣全率众据城以畔，制置使遣人以武翼郎招之。全伪降，欲杀使者，方与同党王安等宴饮，惜惜耻于供给，安斥责之，惜惜曰：'初谓太尉降，为太尉更生贺。今乃闭门不纳使者，纵酒不法，乃畔逆耳。妾虽贱妓，不能事畔臣。'全怒，遂杀之"。[1]毛惜惜以死证明妓女也可以具有忠诚的气节。

宋代备受青睐的妓女形象色艺俱佳，更为轻盈、灵动、活跃而不失坚贞。与民众中的女性相似之处在于，这种在真实的妓女身上构建的妓女形象，远不是现实生活，而是士人所虚构的理想世界。士人对这些妓女的描写充满了文学夸张，使笔下所呈现的人、物处于一种理想的状态，塑造出"在水一方"的伊人形象，并与大众共建、维护这种景象。在上述诸多景象中，情欲是被遮蔽起来的，"正是通过塑造女性的美，以及建构身体与其他价值之间的关系，才加强了对身体规训的权力"。[2]在这种前提下，妓女的身体可能比其他女性身体的物化更为直接达成和显现。

士人运用修辞夸张，在诗词中所描绘的形象是他们对于现实妓女形象的美化，这种美化呈现出的是他们的理想状态，或者说是一种心理诉求。

---

1 《宋史》卷四六〇《刘全子妻毛惜惜附》，第 13493 页。

2 沈奕斐：《被建构的女性》，上海人民出版社，2005，第 167 页。

第二节　权力：宋代士人如何塑造妓女形象

男性，尤其是士人、富贾是妓女身体的主要消费者。妓女不仅是色情、生理身体的消耗，更是一种物化形式的消耗。她们从身体的装饰到才情的培养无不是对消费的一种反馈。色艺俱佳、能歌善舞的妓女的身体是处在士人消费视野下的，是被纳入消费计划中并因而受到赞美、欣赏和把玩的身体。男性正是通过对妓女身体的塑造，对其身体与财富、道德等其他价值之间关系的建构，最终完成了对妓女身体的规训、物化。

在男性中，士人掌握着评品妓女的话语权，他们不仅是妓女的衣食父母，也决定着她们在行业内的声望、等级，更能操纵她们的身份变化。

一　士人消费是妓女的重要经济来源

娼妓业不是生产性的行业，妓女的生活完全依赖于他人的消费供给。这种消费又形成了更大的诱惑力，使更多的社会财富消耗于此。[1] 所以这"温柔乡"，也是"销金窟"。士人在此投入了大量钱财，有时候极为奢华。张孝祥为多景楼题匾后，公库原打算赠其银二百两作为润笔。张孝祥推辞后，却要红罗百匹，"大宴合乐，酒酣，于湖赋词，命妓合唱甚欢，遂以红罗百匹犒之"，[2] 为自己添一段佳话。妓女想要积蓄私财，只有靠自己才艺、智慧

1　〔法〕乔治·巴塔耶：《色情史》，刘晖译，商务印书馆，2003，第 119—120 页。
2　周密：《癸辛杂识》续集下，吴企明点校，中华书局，1988，第 209 页。

出众，获得更多的赏赐，如《夷坚志》中载"江浙间路岐伶女，有慧黠知文墨能于席上指物题咏应命辄成者，谓之合生"，逢"张安国守临川，王宣子解庐陵郡印归次抚，安国置酒郡斋，招郡士陈汉卿参会。适散乐一妓言学作诗"，是时此妓高吟曰："同是天边侍从臣，江头相遇转情亲。莹如临汝无瑕玉，暖作庐陵有脚春。五马今朝成十马，两人前日压千人。便看飞诏催归去，共坐中书秉化钧。"博得众人欢心，"安国为之嗟赏竟日，赏以万钱"。[1]

名妓徐兰可以说是其中典型，她以色艺著称，吸引众多士人追捧，有甚者"吴兴乌墩镇有沈承务者，其家巨富，慕其名，遂驾大舟往游焉"。流连半年，竟然"糜金钱数百万而归"。有意思的是徐兰由此声名大振，"播于浙右，豪侠少年，无不趋赴"，成为妓中贵者。[2] 显贵乐于这样的消费，对于这样的妓女的消费，逐渐形成了一种象征意义。这种消费方式耗费的不仅是相应的财富，还是与财富相对应的社会阶层的权力，这些妓女所代表的不仅仅是优秀的声色，更是一种身份地位。

二　社会舆论中的妓女声望

（一）声名

士人不仅发现、塑造才艺俱佳的妓女，他们也借此显示着自己的风流倜傥，标榜自己的形象。妓女更是通过文人的评价确立自己

1　洪迈：《夷坚志》支乙卷六《合生诗词》，第 841 页。
2　周密：《癸辛杂识》续集下，第 167—168 页。

在行业内的声望，完成自我物化的过程。[1]

以柳永为例，其"居京华，暇日遍游妓馆。所至，妓者爱其有词名，能移宫换羽，一经品题，声价十倍"，[2]引得众妓女为他争风吃醋。可以推料这些妓女绝不仅是为了感情，更重要的是随之而来的声望、利益。柳永不管是无奈还是乐在其中，都做出洒脱的姿态，声称"烟花巷陌，依约丹青屏障。幸有意中人，堪寻芳。且恁偎红翠，风流事，平生畅。青春都一饷。忍把浮名，换了浅斟低唱"。[3]这种姿态也阻碍了他的仕途之路，最终只好自嘲为"奉旨填词"。

《能改斋漫录》中记有一事，"通判贾郎中言，自京师与岳州通判武补阙同途至襄阳。遇一妓"，"才色俱妙。二公迫行，醉别于风林阙。妓以诗送武云：'弄珠滩上欲销魂，独把离怀寄酒樽。无限烟花不留意，忍教芳草怨王孙。'"，后太守闻之，尝叹恨不识之。[4]因为士人的追捧而成就遗世芬芳的莫过于李师师、唐安安之流，后者如癸丑元夕，宋理宗"呼妓入禁中，有唐安安者，歌舞绝伦，帝爱幸之"。[5]往往妓女的声名就在这种话语的传递中建立起来。

---

1 "性物化所存在的社会文化背景具有以下功能：使女孩和女人通过社会化将她们自己看成是基于外表而被评论的对象。女孩和女人通过直接或者设身处地的同感方式习得与她们的外貌相关的事情：别人对她们身体外表的评价能够决定这些女孩和女人在每天的互动中如何被看待，而这继而又改变了她们的社会经济生活状况和结果。简而言之，自我物化意味着个体更多的是从一个第三者的角度来思考和评价她们自己的身体，强调可观察到的身体特质，而不是从本人的角度——强调那些天赋的和不可观察的身体特质。"参见 B. Fredrickson, T. Roberts, S. Noll, D. Quinn, J. Twenge, "That Swimsuit Becomes You: Sex Differences in Self-Objectification, Restrained Eating, and Math Performance," *Journal of Personality and Social Psychology*, 75（1），1998, pp.269–284, 转引自沈奕斐《被建构的女性》，第 162 页。

2 罗烨：《醉翁谈录》丙集卷二《三妓挟者卿作词》，古典文学出版社，1957，第 32 页。

3 柳永著，薛瑞生校注《乐章集校注》卷下《鹤冲天》，第 239 页。

4 吴曾：《能改斋漫录》卷一一《妓赋诗送武补阙》，上海古籍出版社，1960，第 321—322 页。

5 田汝成辑撰《西湖游览志余》第二卷《帝王都会》，上海古籍出版社，1980，第 32 页。

（二）花榜

女子容貌以花相比自古有之，以花喻人之品格也有。但是公开评谈、讨论女性的容貌和品格形成一种社会品定方式，宋代已有后世"花榜"之雏形，有"花魁"之称谓。

丘郎中守建安日，招置翁元广于门馆，凡是有宴会时，翁元广都会列席，"其诸妓佐樽，翁得熟谙其姿貌妍丑，技艺高下，因各指一花以寓品藻之意，其词轻重，各当其实，人竞传之。今列于下"。[1] 正因为翁元广对妓女熟知，故被指定评比妓女高下，共列 28 人姓名，以桃花、山茶、白菊、木瓜等喻每人之性格、品行。

杨无咎之词《雨中花令》，则记述了"花魁"歌唱时的场景：

> 早已是花魁柳冠。更绝唱、不容同伴。画鼓低敲，红牙随应，著个人勾唤。　慢引莺喉千样转。听过处、几多娇怨。换羽移宫，偷声减字，不顾人肠断。[2]

是说一妓女演唱技艺之纯熟。此女是妓女中翘楚，演唱时仍然尽全力，从"不容同伴"也可看出妓女间的竞争压力。

韩琦的诗则是反其道而行之，借人喻牡丹：

> 何须风雨苦相催，自结东君不在媒。开晚要当三月盛，艳高宜作百花魁。好期天上香魂返，长对樽前醉玉颓。谁道元舆

1　罗烨：《醉翁谈录》戊集卷之一《烟花品藻》，第 45 页。
2　杨无咎：《逃禅词》，《景印文渊阁四库全书》第 1487 册，第 661 页。

　　能体物？只教羞死刺玫瑰。[1]

说明百花如人亦有高下之分。

　　在这个过程中，妓女的声名以物化的方式排出高下，促使妓女不得不认同男性的价值评判标准。另外，在这个评品传递的过程中，世人的认可方式达成了一致，对妓女以及女性的审美建立了共同的舆论环境。所以，美国学者贺萧将后世的选花榜看作一种"社会认可的仪式"，冶游者和读者"通过另一种方式创造并认可了他们所共处的社会"。[2]

（三）贬抑：情欲的骗局

　　当失去才色的遮掩时，妓女就成为一种危险的诱惑，是君子所避之不及的。这样的关系不足以寄托"情"，不是自然流露，不是随性所至，而是一种难以克制、超乎礼法的欲。生育之外的情欲、肉体关系是有危险性的。在现实中，缺乏或失去情感依托的肉欲往往以贬抑的方式出现，或许这种贬抑才是身体消费的真相。

　　贬抑

　　相对于士人对于妓女的追捧，其恣意批判更易看出士人"玩赏"的心态，以及消费中的真实审美趋向。容貌、姿色仍是重要的方面，这种评品甚至严苛：

1　韩琦撰，李之亮、徐正英笺注《安阳集编年笺注》卷一七《律诗三十三首·安正堂观牡丹》，巴蜀书社，2000，第584页。
2　〔美〕贺萧：《危险的愉悦：20世纪上海的娼妓问题与现代性》，第155页。

李真　木芙蓉　喻讥其老

自多兰菊霸秋光，敢把妖红浪索强，霜雪风号那久计，会看枯干倚门墙。[1]

张娘　萱草　喻无姿色

东风袅袅弄轻柔，强赴群芳不自羞，到了姿容只如许，不应相对解忘忧。[2]

此外，过度消费的妓女并不会赢得上等人的欢心。妓女同男性交往过于频繁，或是失去感情认可的交往，都会被人们鄙视。

王赛　史君子　喻小人交游

竹篱草舍趁溪斜，白白红红墙外花，浪得佳名史君子，初无君子到君家。[3]

程芳　牵牛　喻格品极微

萧萧篱落蔓牵牛，冷落西风亦可愁，品格卑微恶颜色，选花图里合含羞。[4]

严秀　樱粟　喻勾引人家子弟

白白红红遍野畦，光风丽月炫芳姿，个中无限西施乳，一味啜持黄口儿。[5]

文士以诗词的方式，呈现形象之陋鄙，毫不留情。

1　罗烨:《醉翁谈录》戊集卷之一《烟花品藻》，第47页。
2　罗烨:《醉翁谈录》戊集卷之一《烟花品藻》，第48页。
3　罗烨:《醉翁谈录》戊集卷之一《烟花品藻》，第49页。
4　罗烨:《醉翁谈录》戊集卷之二《烟花诗集》，第52页。
5　罗烨:《醉翁谈录》戊集卷之二《烟花诗集》，第52页。

实际上，在情欲与金钱产生直接关系的时候"与小人交游"，甚者"勾引人家子弟"，妓女身体失去了神秘感，堕落的身体失去了审美的意义，被置于道德的审判之下。这可能是绝大部分妓女从业者的生活状态，但，如果某个具体的人被贴上如此标签，无疑是不幸的。

情欲与金钱

情欲与金钱的交换关系，赤裸裸地表现出来。宿娼要支付相关费用，妓女身体成为最直接的消费品：

嘲宿娼被脱衣当

衣单不整，醉与妓同宵，覆雨翻云，五更缱绻百媚千娇，晓来去也，王婆篋儿焕质生绡，回头告道不成，教我归去赤条。[1]

嘲宿娼无身留当

无钱宿，愁怕五更过，衣服脱将还姐姐，更无捺水与婆婆，密地去如梭。羞人见，一路打呆哥，会使不在家，豪富，风流不在着衣多，冻损郑元和。[2]

词作中是嘲笑一些男子为了宿娼，花去所有财物的情景。妓女作为一种消费品，需要支付一定的代偿，如同货品交易，有人经营收费、操作。

骗局

金钱、情欲、贬抑，也就形成了情欲的陷阱。以妓女作为一种

1　陈元靓辑《纂图增新群书类要事林广记》辛集下卷《风月笑林》，中华再造善本影印元至元六年郑氏积诚堂刻本，北京图书馆出版社，2005，第 2 页。

2　陈元靓辑《纂图增新群书类要事林广记》辛集下卷《风月笑林》，第 3 页。

诱饵，吸引无知、没有社会经验的人等落入成年人可以操纵克制的欲望之中。京城中就有"美人局，以娼优为姬妾，诱引少年为事"。[1]其他地方也是如此，如"支乙之妻阿王，娼家女也。支乙于衢州南市楼上，开置柜坊，楼下开置茶肆，以妻为饵。徐庆三、何曾一、王寿、余济皆与逾滥，与以钱物，群聚赌博，实为欺骗渊薮。水寒冰生，醯酸蚋聚，至其家者前后不知其几"。[2]支乙就是以出身娼家女的妻子做诱饵，骗取他人钱财。

除了生活来源、社会舆论，最为关键的是，妓女想要改变自己的生活，还是要依赖男性改变她们的身份，脱离妓女这个行业，进入社会认可的正常家庭体系，才算是真正的功德圆满。

归根到底，宋代的妓女只是承欢于人，她们并不能左右自己的命运，她们主体性的发挥依赖于太多的先决条件，在这种情况下"身体作为一个物体进行过度的规训与完善"。[3]宋代社会运用这些权力，自觉或者不自觉地提出期待，规训妓女的身体。在这诸多权力的作用下，形成了不仅是对于妓女，也是对整体女性的身体规范。

第三节　妓女的自我认知

历史上女性的声音无疑是稀少的，那么她们是沉默的吗？女性

1　周密：《武林旧事》卷六《游手》，第 444 页。

2　《名公书判清明集》卷一四《因赌博自缢》，中国社会科学院历史研究所、宋辽金元史研究室点校，中华书局，1987，第 530—531 页。

3　Susan Bordo, "The Body and Reproduction of Femininity," *Unbearable Weight: Feminism, Western Culture, and the Body*, Berkeley and Los Angeles: University of California Press, 1993, pp.165-184, 转引自〔美〕佩吉·麦克拉肯主编《女权主义理论读本》，广西师范大学出版社，2007，第 256 页。

具有主体性吗？女性的声音是否已融入了宏大的意识形态中呢？女性的生命经验最终会被当今研究者发现吗？《全宋词》中有 20 余名妓女的词作，[1] 她们流传至今的诗词是极为宝贵的资料。尽管颇为吊诡的是，这些材料的流传多依托男性的记载，但仍可以从中了解部分妓女的自我形象之塑造与认知。

一　妓女个体对自身形象的描述

诗词是女性自我表达的重要手段之一。相对于男性诗词中对于妓女身体姿色较为直接的描写，妓女对自身容貌尤其是身体的描述是含蓄而有节制的。某种情绪和思虑的表达是她们对自身进行描述采取的较为普遍的方式。这些方式主要可以总结为两种模式：自怜与情贞。

自怜

妓女通过对家世的抱憾、生活中形单影只的孤独、恨年华短青春易逝、难以脱离现状的感慨等情绪塑造了一种"自怜"的形象。如：

> 浣花溪上风光主，宴集瀛仙开幕府。商岩本是作霖人，也使闲花沾雨露。　谁怜氏族传簪组，狂迹偶为风月误。愿教朱户柳藏春，莫作飘零堤上絮。（《玉楼春》）[2]

1　杨果、廖寅：《宋代才女现象初探》，漆侠主编《宋史研究论文集——国际宋史研讨会暨中国宋史研究会第九届年会编刊》，河北大学出版社，2002。

2　陈元靓编《岁时广记》卷三五《号词客》，据学海类编与十万卷楼丛书排印本，王云五主编《丛书集成初编》，第 392 页。

这是一位不知名的妓女感慨自身出身书香门第，沦入妓家。

> 对景感时情绪乱，这密意，翠羽空传。风前月下，花时永
> 昼，洒泪何言。(谭意歌《极相思令》)[1]
>
> 玉惨花愁出凤城。莲花楼下柳青青。清樽一曲阳关后，别
> 个人人第五程。　寻好梦，梦难成。况谁知我此时情。枕前泪
> 共芭蕉雨，隔个窗儿滴到明。(聂胜琼《寄李之问》)[2]

以"翠羽空传""阳关"等词写出了妓女生活中无所依靠，感情上
无人共鸣，只能以泪洗面的孤单场景。

情贞

妓女或是为了生活，或是应官差不同，常接触到不同人士。正
因为与她们有密切关系的人经常变化，所以在他人看来妓女有朝三
暮四之嫌，而在妓女笔下，自身形象多是痴情女子：

> 相思似海深，旧事如天远。泪滴千千万万行，更使人愁肠
> 断。　要见无因见，拚了终难拚。若是前生未有缘，待重结来
> 生愿。[3]

其用情之专不逊于任何人。此类主题的诗词在妓女笔下多见。她
们更倾向于塑造自己无辜、生活所迫、精神超脱的形象。成都官

1　刘斧撰辑《青琐高议》别集卷之二《谭意歌》，第 215 页。
2　陈耀文辑《花草粹编》卷一○《小令·寄李之问》，《景印文渊阁四库全书》第 1490 册，第
　　344 页。
3　陈耀文辑《花草粹编》卷四《小令·答施酒监》，《景印文渊阁四库全书》第 1490 册，第
　　188 页。

妓赵才卿，性黠慧，作词速敏。宴会时应官员命即时作词曰："细柳营中有亚夫，华宴簇名姝。雅歌长许佐投壶。无一日、不欢娱。汉皇拓境思名将，捧飞诏，欲登途。从前密约尽成虚。空赢得、泪流珠。"[1] 词中以宴会中欢娱的场景起笔，写到名将出行，同自己相处不再，今后只能流泪痴痴等待，表明用情之专。又有妓女洪慧英正唱词次，忽停鼓白曰："慧英有述怀小曲，愿容举似。"乃歌曰："梅花似雪，刚被雪来相挫折。雪里梅花，无限精神总属他。梅花无语，只有东君来做主。传语东君，宜与梅花做主人。"歌罢，再拜说："梅者惠英自喻，非敢僭拟名花，姑以借意。雪者指无赖恶少也。"[2] 以此控诉恶少之欺辱。洪慧英虽说并不是想妄比名花，但是确实以梅花塑造了自己清洁、独立于世、不愿惹尘埃的姿态。

有学者将女性的这种自我意象，归结为宋代妓女自我意识的觉醒。[3] 以宋代士人对妓女的期待和妓女的这种自我描绘做一个简单对比，那么会发现妓女自我意识觉醒的说法过于激进，此后文再论。

二 妓女群体对自身形象的认知

（一）妓女之间的情感诉求

宋代性别区隔的理念仍然有着持久的影响力，妓女与男性的交往是对这种界限的一再挑战。这种交往也形成了另一道藩篱，她们同良家女性的交往是被防范和警惕的。在此情况下，在女性

1　彭大翼：《山堂肆考》卷一一一《人品·长佐欢娱》，《景印文渊阁四库全书》第 976 册，第 237 页。

2　洪迈：《夷坚志》支乙卷六《合生诗词》，第 841 页。

3　对于女性自我意识觉醒的考察论述，是一些学者在女权主义运动影响下对女权发展做出的贡献。但是，以史实来看，所谓女性意识的觉醒未免牵强。

这个性别内部，因阶级和身份间难以跨越的鸿沟，分裂成不同的群体。

相较于男性与妓女之间的主顾、强弱关系，妓女之间的交流则更能平等倾诉，形成共鸣。在这种情感诉求中，妓女所刻写的不仅是对方的形象与处境，也是对自身状况较为真实的期待。

宋神宗时，有杭州营籍周韶，擅长词作。苏颂途经杭州时，太守陈襄宴请，周韶在席间泣求落籍，苏颂以诗定夺，指檐间白鹦鹉曰："可作一绝？"韶援笔云："陇上巢空岁月惊，忍看回首自梳翎。开笼若放雪衣女，长念观音般若经。"恰当时韶衣白，"一座嗟叹，遂落籍"。

周韶落籍后，同为妓女的龙靓和胡楚都有赠诗，龙靓所赠诗云：

> 桃花流水本无尘，一落人间几度春。解佩暂酬交甫意，濯缨还作武陵人。

胡楚赠诗：

> 淡妆轻素鹤翎红，移入朱栏便不同。应笑西湖桃与李，强匀颜色待东风。[1]

龙靓用典出自《列仙传》，据载，江妃二女出游，逢郑交甫解佩相赠，郑交甫并没有挽留住二女。这首诗同周韶诗相似，透露

---

[1] 赵令畤：《侯鲭录》卷七，孔凡礼点校，中华书局，2002，第180—181页。

了身在妓籍的哀怨，但也美化了与士人的交往关系，提升了自身无奈、无意、不愿的境界，以及对于周韶落籍的欣喜。胡楚的诗则是表达了对周韶落籍、从此不同的羡慕，以及对自己仍在妓籍的失落。相较于其他诗词所表达的自怜与情贞，恐怕这是妓女难得表现出对生活的希望与无望。

（二）妓女之间的竞争关系

在情感交流以外，妓女之间存在着不可避免的竞争关系。"女性竞争并不只是男性的幻想；对于身份意识强烈的女性而言，这是日常现实；她们的身体承载着都市化和商业化社会里的强烈焦虑。"[1] 宋代妓女同样承载着身份带来的焦虑，从容貌、才艺、交际各方面，声色市场的商业化将妓女的物化推向了艰难的竞争道路。一个妓女想要在众多人中脱颖而出，不是易事。《宋史》中所载关于张商英的一件趣事便为此做了一个很好的注脚。张商英，字天觉，蜀州新津人。《宋史》中称其："长身伟然，姿采如峤玉。负气倜傥，豪视一世。"[2] 其自视甚高，章惇尝对士夫云："今时士人如人家婢子，才出外求食，个个要作行首。"张商英在旁云："如商英者，莫做得一个角妓否？"[3] 张商英自视之高，此处也不过自比为名妓。一方面，可以看出从一个普通妓女到其中翘楚之难，妓女间竞争之不易；另一方面，这也使面对科举竞争压力的士人产生共鸣。

一旦出人头地，也可能会出现争风吃醋、遭到其他妓女的排

1　〔美〕高彦颐：《缠足："金莲崇拜"盛极而衰的演变》，第 235 页。
2　《宋史》卷三五一《张商英传》，第 11095 页。
3　陈鹄：《西塘集耆旧续闻》卷四《章子厚张天觉谐语》，孔凡礼点校，中华书局，2002，第 329 页。

挤、被"同列者疾之"的状况，如有坎坷，其他妓女甚至会额手称庆。[1]所以在这种竞争关系中，妓女只得采用不同的方式，塑造自己身体的优势。比如，隐匿年龄凸显自己青春可人，"倡女多隐讳年岁，往往不肯出二十以上"，[2]以此讨得客人欢心和眷顾。

更为普遍的还是借助士人为自己宣传以争得声名。词人柳永因"妓者爱其有词名，能移宫换羽，一经品题，声价十倍。妓者多以金物资给之，惜其为人出入所寓不常"。像张师师资助柳永花费，称其"房卧，因君馨矣"。刘香香、钱安安亦不甘无名，要求其为自己填词，柳永先书"师师生得艳冶"，香香、安安皆不乐，欲掣其纸。"柳再书云：'香香于我情多。'安安又嗔柳曰：'先我矣！'捽其纸，忿然而去。柳遂笑而复书云：'安安那更久比和，四个打成一个。幸自苍皇未款，新词写处多磨，几回扯了又重捽，奸字中心着我。'"[3]角妓为了得到赞誉，也是颇费周折。

第四节　士人与妓女自身所塑造的妓女形象之差异

一　士人与妓女自身所塑造的妓女形象的差异

观察女性与社会观念的消磨、抗衡、互动，是研究者对女性主体意识较为直接的考察途径之一，是对于历史上女性声音的仔细辨认。前文已经提及男性和妓女诗词中形象的差异。类似于"左右青

1　刘斧撰辑《青琐高议》后集卷之七《温琬》，第 169 页。

2　沈作喆：《寓简》卷一〇，鲍廷博辑《知不足斋丛书》第 1 集，上海古书流通处，1921，第6页。

3　罗烨：《醉翁谈录》丙集卷二《三妓挟着卿作词》，第 32—33 页。

娥来巧笑，朱唇涂额新妆了"[1]等更为欢快、艳丽的表情，妓女超脱、抑郁的描述中鲜有此类。试以几组形象说明。

（一）龙靓、胡楚与张先

张先，字子野，天圣八年（1030）进士，词人。《后山诗话》载："时张子野老于杭，多为官妓作词，而不及（龙）靓。靓献诗云：'天与群芳十样葩，独分颜色不堪夸。牡丹芍药人题遍，自分身如鼓子花。'"于是张先给她作词《望江南》：

> 青楼宴，靓女荐瑶杯。一曲白云江月满，天际拖练夜潮来，人物误瑶台。　醺醺酒，拂拂上双腮，媚脸已非朱淡粉，香红全胜雪笼梅，标格外尘埃。[2]

胡楚有《绝句》云："不见当时丁令威，年来到处是相思。若将幽恨同芳草，却恐青青有尽时。"[3]张先又为胡楚作《雨中花令》云：

> 近鬓彩钿云雁细。好容貌、花枝争媚。学双燕。同栖还并翅。我合著、你难分离。　这佛面、前生应布施。你更看，蛾眉下秋水。似赛九底、见他三五二。正闷里、也须欢喜。[4]

龙靓借花自比，谦称样貌不堪夸。恰这种自谦的意图是显而

1　王之道：《相山集》卷一七《渔家傲》，《景印文渊阁四库全书》第1132册，第652页。

2　梅鼎祚纂辑《青泥莲花记》卷一二《龙靓》，第264页。

3　梅鼎祚纂辑《青泥莲花记》卷一二《胡楚》，第264页。

4　邱美琼、胡建次编著《张先诗词全集：汇编汇注汇评》，崇文书局，2018，第38页。

易见的，留给对方足够的空间解读。胡楚所云以情深为题。相形之下，张先对二者容貌的称赞是毫无遮掩的，此外以"瑶台""佛面"等塑造了二者超凡脱俗之处。

（二）盼盼与黄庭坚

盼盼，泸州官妓，为地方官所宠爱。黄庭坚过泸州，泸帅留他在府中作客，黄庭坚赠盼盼《浣溪沙》词：

> 脚上鞋儿四寸罗，唇边朱麝一樱多。见人无语但回波。　料得有心怜宋玉，只因无奈楚襄何，今生有分向伊么。

盼盼拜谢后，唱《惜春容》：

> 少年看花双鬓绿，走马章台管弦逐。而今老更惜花深，终日看花看不足。　坐中美女颜如玉，为我一歌金缕曲。归时压得帽檐欹，头上春风红蔌蔌。[1]

黄氏词中描写的妓女姿色艳丽。盼盼词则是妓女词中少有的对自身容貌"颜如玉"的肯定，但这种肯定只是为了衬托涪翁年少得志、风流倜傥、弦歌相逐的浪漫情趣，年老时不减当年风采，放达畅快。

以此男性与妓女所描述的妓女形象进行对比，不同之处在于男性不吝于称赞妓女的容貌，形成了另外一种模式，就是色、才、情兼具的红颜形象。

1　梅鼎祚纂辑《青泥莲花记》卷五《义倡传》，第126页。

二　造成差异的原因之分析

　　从前文中文人以角妓自比，以及"同是沦落人"的感慨等诸多方面来看，男性期于感情的共鸣，[1]妓女则是男性在家庭之外寻找的"感情寄托"。寄情于词、寄情于妓，看到的是文人或者文化自我期待的投影：风流倜傥、坚守忠诚。在这种情况下，艳丽、才艺超群、忠节的妓女形象与男性自身的形象相互印证。

　　妓女之间的竞争也促成这种描述方式。妓女在这种竞争关系中，将自己的身体作为一个物化的对象进行规训、锻炼，无疑加速了自身的物化速度，妓女的身体作为一种被"文化标记为男性的价值观念开放"。[2]男性借助于自己的性别塑造期待，使妓女声名的张扬依附于自身的权力，妓女美化自身的追求加重了男性权力的砝码。

　　相比于士人塑造的家庭中的女性形象，可以更好地理解男性与妓女塑造妓女形象的不同心理。在士人为家庭女性撰写的墓志中，塑造出的"孝女""顺妇""慈母""贤妻"形象极少描摹女子外形，将"容"作为一种气度呈现。[3]墓志是社会主流价值，尤其是男性理想社会秩序的呈现。其中，妻的家庭角色也决定了士人所采取的记述方式，她们的角色定位于"正位于内"，是维持家庭秩序、社会伦理秩序的组成部分。因此妻子的容貌端庄是符合男性期待的。

　　以此就可以理解妓女为什么采取较为婉约的方式描绘自身。班

1　这也是"男子作闺音"的原因之一。张晓梅就以宋词为切片，分析了男子于词的感情寄托（张晓梅：《男子作闺音——中国古典文学中的男扮女装现象研究》，人民出版社，2008）。

2　沈奕斐：《被建构的女性》，第 168—169 页。

3　杨果：《宋人墓志中的女性形象解读》，《东吴历史学报》第 11 期，2004 年，第 243—270 页。

昭《女诫》对女子的品行做出了阐释，影响至深，其中"妇行第四：女有四行，一曰妇德，二曰妇言，三曰妇容，四曰妇功"。"妇容，不必颜色美丽也。""盥浣尘秽，服饰鲜洁，沐浴以时，身不垢辱，是谓妇容。"[1] 良家女子形貌中，"妇容"并不以艳丽为标尺。奇装异服、华服都更不是良家女子该有的形象。宋人的道德观念亦认为："妇女衣饰惟务洁净，尤不可异众。且如十数人同处，而一人衣饰独异，众所指目，其行坐能自安否？"[2] 良家女子应保持低调、清洁、同他人服饰的一致性，表现出的是通过服饰对于女性个性的控制，是女性顺从的一种体现。

妓女，作为女性中的特殊群体，她们对自己容貌的谦逊，依然来自社会道德因素的约束，来自不同于绝大多数女性而产生的对自身身份的焦虑与危机感。妓女王幼玉所言"今之或工、或商、或农、或贾、或道、或僧，皆足以自养。惟我傅涂脂抹粉，巧言令色，以取其财，我思之愧赧无限"。[3] 正是表达了容貌、装扮、华服成为身份符号象征的焦虑。正如拉康所说："通过男人的中介，女人在为男人充当他者的同时也变成了自己的他者。"[4] 在这个过程中，妓女在迎合男性塑造的形象时，又一次背离了这个形象，否认了现实中自己的装扮，背离了自己的身体。男性是以何种方式达成这种性别、角色建构的呢？我们可以从不同的社会关系中进行考察。

1　《后汉书》卷八四《列女传》，中华书局，1965，第 2789 页。

2　袁采：《袁氏世范》卷二《妇女衣饰务洁净》，中华再造善本影印宋刻本，北京图书馆出版社，2003，第 14 页。

3　刘斧撰辑《青琐高议》卷之十《王幼玉记》，第 95—96 页。

4　康正果：《身体和情欲》，上海文艺出版社，2001，第 7 页。

　　身体，或者说是无数的身体，无法以任何简单的方式，充分地理解为非历史、先于文化或自然的物体；它们不仅由外在的社会压力所铭刻、标志、刻划，也是自然本身的社会构成的产物与直接效果。身体并不是简单地依据历史、社会和文化的迫切需要而有多种再现方式，但它们基本上还是相同；这些因素积极地将身体生产为一种确定类型的身体。

——Elizabeth Grosz， *Volatile Bodies*，

Indiana University Press，1994

第二章　家庭、社会关系中的妓女：私妓

宋代的妓女以身份、户籍为依据大抵可以分为两类：私妓与官妓。[1]私妓，包括家妓和市妓，其户籍及身体的所有权暂时或长久为他人所有。官妓，包括地方官妓、教坊妓、太常乐妓等，其户籍归官府所有，形同官府或宫廷财产。

宋人的政治行为、日常生活与这些女性有着千丝万缕的联系，又因妓女身体所有权的不同而交集不一。

1　这样的分类，可能会遗漏一些暗自以声色为生的女性。

第一节　私妓的来源

一　雇买

私妓的最主要来源方式为典雇、买卖。高子勉富有且喜客，"尝捐钱数十万买美妾，置诸别圃，作竹楼居之"，"有佳客至，则呼之侑席"。[1] 其中一些是为牟取利益，自愿赁卖亲人。绍兴四年（1134）时，隆兴府富人周生，"有经过路歧老父，自言为王七公，挟一女曰千一姐来展谒。女容色美丽，善鼓琴弈棋，书大字，画梅竹。命之歌词，妙合音律。周悦其貌，且兼负技艺过绝人"，遂购入家中。[2] "会稽有富人马生，以入粟得官，号马殿干。喜宾客，有姬美艳能歌，时出佐酒。客有梁县丞者颇黠，因与之目成"，"一旦马生殂，姬出，梁捐金得之"，仍是通过交易获得。[3]

买卖人口使其从事风月生涯是宋代获得妓女较为普遍的方式。因其中之利益，以至于有些家庭养女儿就抱有学习技艺，以待进入富贵之家为妓妾的想法，"京都中下之户，不重生男，每生女则爱护如捧璧擎珠。甫长成，则随其姿质教以艺业，用备士大夫采拾娱侍"。[4]

还有一些人是因为家中贫穷，或突发意外、家世衰落而流为

1　洪迈：《夷坚志》丁志卷一六《玉真道人》，第675页。
2　洪迈：《夷坚志》补卷二二《王千一姐》，第1754页。
3　周密：《齐东野语》卷二〇《马梁家姬》，张茂鹏点校，中华书局，1983，第372页。
4　廖莹中录《江行杂录》，据古今说海排印本，王云五主编《丛书集成初编》，第5页。

娼。有一士族女，年龄尚小，因"家贫母病，父为牙侩所欺，鬻之倡家"。[1]也有女性因为丈夫死后，无法维持生活，后"亦流为倡"。[2]也有女性自售为家妓者。

大多数时候，但凡人家需要，通过雇、买获得妓女，都不会被府衙干涉。[3]在交易过程中，官私牙侩是非常重要的角色。一是要介绍生意，"如府宅官员，豪富人家，欲买宠妾、歌童、舞女、厨娘、针线供过、粗细婢妮，亦有官私牙嫂，及引置等人，但指挥便行踏逐下来"。[4]二是作为中介以兹为证，"雇婢仆须要牙保分明。牙保，又不可令我家人为之也"，[5]以绝后来纠纷之患。双方订立契约，牙人也是见证人之一。所立契约需要限定时间。真宗天禧三年（1019）规定："自今人家佣赁，当明设要契及五年。"[6]南宋时限有所变化，规定："在法雇人为婢，限止十年，其限内转雇者，年限、价钱各应通计。"[7]

这种妓女待满约后，或者经历主人家变后，都可流出，所以常有士大夫家妓流转于他家。其中"独溺于声色"者，觊觎别家家妓"无所顾避"。"闻人家姬侍有惠丽者，伺其主翁属纩之际，已设计贿牙侩，俟其放出以售之。"[8]如"吕颐浩喜酒色，侍妾十数，夜必纵饮。前户部侍郎韩栩，家畜三妾，俱有殊色，名闻一时。栩死，

1　程洵:《尊德性斋小集》卷三《滕府君行状》，鲍廷博辑《知不足斋丛书》第30集，第24页。

2　洪迈:《夷坚志》丁志卷九《滕明之》，第610页。

3　余贵林研究认为宋代买卖妇女的现象大量存在，买卖为妓女就是其中一种，法律并不是完全禁止（余贵林:《宋代买卖妇女现象初探》，《中国史研究》2000年第3期）。

4　吴自牧:《梦粱录》卷一九《顾觅人力》，古典文学出版社，1956，第301—302页。

5　袁采:《袁氏世范》卷三《雇婢仆要牙保分明》，第10页。

6　马端临:《文献通考》卷一一《户口二》，中华书局，1986，第121页。

7　罗愿撰，程哲辑录《罗鄂州小集》卷五《鄂州到任五事札子》，清光绪刻本，第73页。

8　周辉撰，刘永翔校注《清波杂志校注》卷三《士大夫好尚》，中华书局，1994，第101—102页。

诸大将以厚赂取之。吕用数千缗得一人"。[1] 当然，也有户主滞留不放者。

二　违法途径

除通过合法的途径获得妓女以外，也有养良家女、诱拐人口等途径。在这些方式中，较多的是谎称为养女。立契时，"避免立定年限，将来父母取认，多是文约内妄作妳婆或养娘房下养女，其实为主家作奴婢役使，终身为妾，永无出期"，这种情况则属于违法，故绍兴三十一年（1161）规定"其雇主并引领牙保人，并依律不应为从杖八十科罪，钱不追，人还主，仍许被雇之家陈首"。[2]

一些因穷困将女儿养于倡优的情况也会引起府衙的注意，并将"娼优养良家女为己子者，夺归其父母"，[3] 为百姓称道，可见养女于娼家者并不在少数，才会被府衙注意并加以管理。

良家女为人诱拐后卖于人户或者娼楼，也是妓女的来源之一。袁采言买婢妾时，需要问询来历，"恐有良人子女，为人所诱略（掠）"。[4] 与之相似，有人将诱拐来之女子售于人户或者娼楼。其中甚者，流民初到一地不熟情况，"往往不知巷陌，误失人口，其厢巡人不即收领送官，责问本家识认，至被外人用情诱藏在家，恐赫（吓）以言，或雇卖与人为奴婢，或折勒为娼者甚众"。[5]

1　李幼武纂集《宋名臣言行录别集》下卷一，《景印文渊阁四库全书》第 449 册，509 页。

2　徐松辑《宋会要辑稿》刑法二之一五五，中华书局，1957，第 6573 页。

3　李焘：《续资治通鉴长编》卷二〇五，治平二年七月辛巳，第 4980 页。

4　袁采：《袁氏世范》卷三《买婢妾当询来历》，第 11 页。

5　徐松辑《宋会要辑稿》刑法二之一四八，第 6569 页。

除雇买与违法途径之外，还有解籍的官妓或者归于士夫家中或是自立门户为娼家。

第二节　家妓的活动

一　家妓的普遍性

中国古代富贵人家蓄养妓女丝竹的传统由来已久，到宋代也是屡见不鲜，开国初期，太祖言"人生如白驹之过隙，所为好富贵者，不过欲多积金钱，厚自娱乐，使子孙无贫乏尔。……多置歌儿舞女，日饮酒相欢，以终其天年"。[1] 鼓吹人生蓄妓尽欢，自此相竞为尚，至仁宗时，达官贵人家里多有配备，已是"两府、两制家中，各有歌舞，官职稍如意，往往增置不已"。[2] 其余家庭也不逊色，显贵者家中伎乐人数多者过百，张镃宴客牡丹会"酒竟，歌者舞者数百人"，[3] 少者十数人。如：

> "杨都尉震有十姬。"（叶申芗《本事词》）[4]
> 梅圣俞说欧阳修"公家八九妹"。（葛立方《韵语阳秋》）[5]
> 韩绛，"出家妓十余人"。（赵德麟《侯鲭录》）[6]

1　李焘：《续资治通鉴长编》卷二，建隆二年七月戊辰，第50页。
2　朱弁：《曲洧旧闻》卷一《掌梳头者劝仁宗拒谏仁宗立命其出宫》，孔凡礼点校，中华书局，2002，第89页。
3　徐应秋：《玉芝堂谈荟》卷三《自奉之奢》，《景印文渊阁四库全书》第883册，第69页。
4　孟启、叶申芗：《本事诗 本事词》，古典文学出版社，1957，第93页。
5　葛立方：《韵语阳秋》卷一五，上海古籍出版社，1984，第201页。
6　赵令畤：《侯鲭录》卷四，第100页。

　　韩琦在相府时，"家有女乐二十余辈"。（江少虞《宋朝事实
类苑》）[1]

　　李氏，方二十岁，"家妾曳罗绮者数十人"。（沈括《梦溪
笔谈》）[2]

可见除了官宦人家以外，富贾家中也蓄有诸多家妓取乐。

二　家妓的主要活动

　　家妓在家中的基本职责或者初衷，就是丝竹取乐，歌舞娱
乐，且不仅是针对主人，也是面向家中来客的。目的之一就是寻找
欢娱，"蓄家妓以为欢，主人之本意也"。[3]具体来说，包括丝竹歌
舞、侍枕席、作为感情寄托，但在特殊的情境中，也昭示一种政治
态度。

（一）丝竹歌舞与宴会

　　家妓通过雇买而来，或是家中调教而成，重要的职责就是在
家中歌舞娱乐愉悦主人。尤其是家中来客宴筵时起到表演、侑酒、
服侍的作用，既表现主人的品位，也体现对宾客的礼貌和款待。
韩绛谢事后会聚一时名流九人，"皆门生故吏，尽一时名德，如傅
钦之、胡完夫、钱穆父、东坡、刘贡父、顾子敦皆在坐"。因小事
不悦，"方坐，出家妓十余人。中燕后，子华新宠鲁生舞罢，为游
蜂所螫，子华意不甚怿。久之呼出，持白圆扇从东坡乞诗。坡书

1　江少虞：《宋朝事实类苑》卷八《韩魏公》，上海古籍出版社，1981，第 79 页。

2　沈括著，胡道静校证《梦溪笔谈校证》卷九，上海古籍出版社，1987，第 350 页。

3　吴曾：《能改斋漫录》卷一〇《蓄家妓示客而致祸》，第 279 页。

云：'窗摇细浪鱼吹日，舞罢花枝蜂绕衣。不觉南风吹酒醒，空教明月照人归。'上句记姓，下句书蜂事。康公大喜，坡云：'惟恐他姬厮赖，故云耳。'客皆大笑。"[1]家妓不但可以调节气氛，也可以体现出主人的热情和礼遇。如果家妓知进退，行为得体，使宾主尽欢，遇到文人骚客有佳作应答，流传开来，便会成就一段佳话。

家妓妾表现出色，主人面有荣光，更有甚者，以美妓赠人，成就自己的佳话。詹天游在杨震家宴会，有家妓侑酒，赋词"淡淡青山雨点春。娇羞一点口儿樱。一梭儿玉一窝云。白藕香中见西子，玉梅花下遇昭君。不曾真个也销魂"夸赞家妓粉儿，杨震便将粉儿赠予詹。杨震也因此得来豪爽的声名。[2]

人们甚至希望把这种享乐带到死后的世界，从出土的墓室壁画中也可以窥其一斑。

山西省平定县城关镇姜家沟村北宋墓的壁画中九位女伎，七人持器乐，两人貌似对舞，一片欢愉的景象。她们和主人生前爱好的东西一样，被绘于墓墙上，作为主人身后世界的娱乐和财富而存在（见图3）。

但是有时候事与愿违，出色的家妓可能会引起他人的觊觎，引发纠纷，甚至是祸患。《东轩笔录》中记载一事，杨绘进士及第，通判荆南，但是行事草率，交往的人良莠不齐，"性少慎，无检操，居荆南，日事游宴，往往与小人接。一日，出家妓筵客夜饮，有选人胡师文预会。师文本鄂州豪民子，及第为荆南府学教授，尤少士检。半醉，狎侮绘之家妓，无所不至。绘妻自屏后窥之，大以为耻，叱妓人，挞于屏后。师文离席排绘，使呼妓出，

1　赵令畤:《侯鲭录》卷四，第100页。

2　孟启、叶申芗:《本事诗 本事词》，第93页。

图 3 《伎乐图》[（宋）佚名，现藏于山西博物院]

注：该壁画是 1991 年山西省平定县城关镇姜家沟村北宋墓出土。

资料来源：徐光翼《中国出土壁画全集》（2），科学出版社，2011，第 120 页 112 幅。

绘愧于其妻，遽欲彻席。师文狂怒，奋拳殴绘，赖众客救之，几至委顿"。[1] 夜宴出家妓侍饮，行为不检的胡师文乘醉侮辱家妓。杨绘的妻子在屏风后看到如此行径，觉得非常难堪，把家妓叫至屏风后责打，师文并没有就此罢休，后来还殴打了杨绘。杨绘如此不自重，被士人所鄙视。

所以袁采警告后人："夫置婢妾，教之歌舞，或使侑樽以为宾客之欢，切不可蓄姿貌黠慧过人者，虑有恶客起觊觎之心。彼见美丽，心欲得之。'逐兽则不见泰山'，苟势可以临我，则无所

1　魏泰：《东轩笔录》卷七，李裕民点校，中华书局，1997，第 78 页。

不至。绿珠之事，在古可鉴，近世亦多有之，不欲指言其名。"[1]
袁采认为家里可以有家妓，宴请时歌舞助兴，但是不能选容貌才
智过于出众者，免得他人起歹心想要占为己有，引起祸事。古有
西晋石崇宠爱绿珠，他有权有势的时候别人不敢染指，被免官以
后，孙秀为了得到绿珠，促使赵王伦派兵杀石崇，绿珠和石崇双
双毙命。所以避免他人仗势夺人，就需要在选置家妓的时候足够
谨慎。

　　无独有偶，吴曾也是以石崇、绿珠的事件警示世人：

　　　　古今反以取祸者有之。晋石崇有妓绿珠，孙秀使人求之不
　　得，遂劝赵王伦诛崇。五代安重诲尝过任圜，圜为出妓，善歌
　　而有色。重诲欲之，而圜不与。由是二人相恶，重诲诬以反而
　　杀之。二人皆以家妓示客而致祸。……弟谓沆曰："绿珠之祸，
　　可不戒哉？"沆曰："人生贵于适意，岂能爱死而自不足于心
　　耶？"人皆服其守。以予观之，沆之不死，盖幸耳，何足以有
　　守服之哉。[2]

在享乐和生存之间，人们需要谨慎选择。

　　国家也在律令中做出了限制，"诸州主管常平官，预属县镇寨官
妓乐及家妓宴会，依监司法。即赴非公使酒食者，杖八十，不以失
减"。[3] 私宴中的家妓，和官妓一道被纳入了国家的监控视线，如果
官员非因公事去他处享乐饮酒，所受处罚不得减少。

1　袁采：《袁氏世范》卷三《美妾不可蓄》，第5页。
2　吴曾：《能改斋漫录》卷一〇《蓄家妓示客而致祸》，第279页。
3　谢深甫等纂修《庆元条法事类》卷第九《职制门六·迎送宴会》，杨一凡、田涛主编《中国珍
　　稀法律典籍续编》第1册，戴建国点校，黑龙江人民出版社，2002，第161页。

可是，现实中以妓乐会友的方式一直存在，并没有受到丝毫的影响，如果不入流，除非已经功成名就，否则反而可能会遭到排挤，蔡絛以自己的经历说明即便是知礼义的士大夫也难免此种应酬，服丧之人"宣和后起复者，虽在家奉其几筵如故，至接宾客、燕亲旧，盖与常人无异，礼义于是扫地。李丞相士美邦彦繇起复中拜相。鲁公时复入政府，吾得出入禁闼。一日遣邀吾，吾已诺之矣。适访其亲密李公弼孺者，乃是置酒，出家妓，作优戏以见待。吾得此大惧，力辞不去，繇是致疑，因以得罪，此亦获戾之一端焉。然实贤者，但不谅吾之狂也。遂以著当时之习俗"。[1]

家妓的身体在日常及社交生活中不再被刻意回避，妓乐已经成为一种娱乐方式，它的仪式作用被大大淡化了。

（二）侍枕席

家妓不同于官妓，她们是家中财产的一部分，人身权利属于主人，侍枕席是较为常见的。因此有被纳为妾和母凭子贵的机会。但是，良贱不婚，纳妾并不易。[2] 她们在家中的法律地位排序应是妻、妾、家妓、婢。相对而言，她们是家内可以与外人相接触交流的少数女性。

---

[1] 蔡絛：《铁围山丛谈》卷第四，冯惠民点校，中华书局，1983，第73页。

[2] 美国学者柏文莉对此有专述，参见其文《宋代的家妓和妾》（张国刚主编《家庭史研究的新视野》），以及 "Shifting Identities: Courtesans and Literati in Song China" (*Harvard Journal of Asiatic Studies*, Vol.62, No.1, Jun. 2002, pp.5–37)。伊沛霞在其著作《内闱：宋代的婚姻和妇女生活》中也讨论了妾和家妓的关系。柏文莉和伊沛霞都注意到了家妓向妾转变的可能性和现实性，认为家妓和妾已经接近。主要是在记载过程中的妾、妓、姬、姬妾等称呼造成了认识的困扰。实际上，明媒正娶的妾可能有着特殊的才艺，但是，这样的妾不太可能侑酒助兴。也就是说这种转变是单方面的，不是双向的。妾是良人，妓属贱籍。娶妓为妾，和买妓为妾婢存在着根本不同。出发点不同，也就决定了她们在家中的实际地位不同。

（三）情感寄托

在中国古代家庭中，主母有着较高的地位，[1]但是与家主之间的情感交流是含蓄或淡漠的。加之，宋代商人常常离家贸易，官员外出做官，他们随行的家妓往往成为他们最亲近的伴侣。苏轼的好友王巩因受"乌台诗案"牵连，被贬谪。王巩受贬时，其歌妓柔奴随行到岭南。元丰六年（1083）王巩北归，柔奴为苏轼敬酒。苏问及岭南状况，柔奴答以"此心安处，便是吾乡"。苏轼觉得王巩得此天赐佳人，两人相依为命，苦中作乐，写词以赞。[2] 词曰：

定风波

谁羡人间琢玉郎，天应乞与点酥娘。尽道清歌传皓齿，风起，雪飞炎海变清凉。　　万里归来颜愈少。微笑，笑时犹带岭梅香。试问岭南应不好？却道：此心安处是吾乡。[3]

因此，当家眷无法相随时，家妓既可以辅助生活，也是心灵慰藉。这种状况，在宋代并不鲜见。

（四）家妓与政治态度

有时候蓄养家妓，丝竹宴饮，是为了彰显人生和政治态度。且以王诜和《西园雅集图》（见图 4）为例，做一分析。《西园雅集图》据记载最初为李公麟所作，画面中一个情景就是众多士人围坐，欣赏作画的场景。与士人隔开一些距离之处，有一"云鬟翠饰"的女

1　可参见邓小南《"内外"之际与"秩序"格局：兼谈宋代士大夫对于〈周易·家人〉的阐发》，邓小南主编《唐宋女性与社会》，上海辞书出版社，2003。

2　吴曾：《能改斋漫录》卷八《此心安处是吾乡》，第235—236页。

3　邹同庆、王宗堂：《苏轼词编年校注》，中华书局，2002，第579页。

子，身后有女奴服侍，为王诜家妓。王诜为驸马，尚蜀国公主，自
是权贵之家，蜀国公主一次就"散遣歌舞三十辈"。王诜邀请朋友
宴请聚会颇多，常常有家妓助兴。作乐者有之，伴游者有之，如米
芾所记"后有女奴，云鬟翠饰，倚立自然，富贵风韵，乃晋卿之家
姬也"。[1]所述家姬，雍容华贵，大度有礼，展示的不仅是家妓之身
姿，也展示了与之相称的王诜的身份地位。家妓之才华也是主人才
华之间接成果，足以炫耀，甚至被讥笑，主人也多不嫌猜。王诜之
家妓二者有之，如黄庭坚诗其家姬昭华吹笛："蕲竹能吟水底龙，玉
人应在月明中。何时为洗秋空热，散作霜天落叶风？"[2]便是嘲笑妓
女吹笛技艺。这也构成了士人交往活动的一部分。

　　既以王诜为例，这里就出现了有趣的矛盾。苏轼为其所作的
《宝绘堂记》云："驸马都尉王君晋卿虽在戚里，而其被服礼义，学
问诗书，常与寒士角。平居攘去膏粱，屏远声色，而从事于书画，
作宝绘堂于私第之东，以蓄其所有，而求文以为记。"[3]显然，士人
认为学问与声色之欲是不可兼得的。

　　无姬侍表现为洁身自好、励精图治。不蓄妓者通常会被称赞有
操守，如丁度，字公雅，谥文简，"性淳质，不为威仪。居一室十余
年，左右无姬侍。然喜论事"。[4]张栻认为李焘性格如霜松雪柏，具
有特立独行的品质，"无嗜好，无姬侍，不殖产"。[5]

　　王诜逢当时政治敏感，作为士人宴集之核心，焉能不知聚会
可能会被他人诟病为朋党的道理？何况朝廷亦有防范，宋仁宗天

1　《米芾集》，辜艳红点校，浙江人民美术出版社，2014，第 217 页。
2　《黄庭坚全集·宋黄文节公全集》别集卷一《大暑水阁听晋卿家昭华吹笛》，四川大学出版社，
　　2001，第 1472 页。
3　《苏轼文集》卷一一《宝绘堂记》，孔凡礼点校，中华书局，1986，第 357 页。
4　《宋史》卷二九二《丁度传》，第 9764 页。
5　《宋史》卷三八八《李焘传》，第 11919 页。

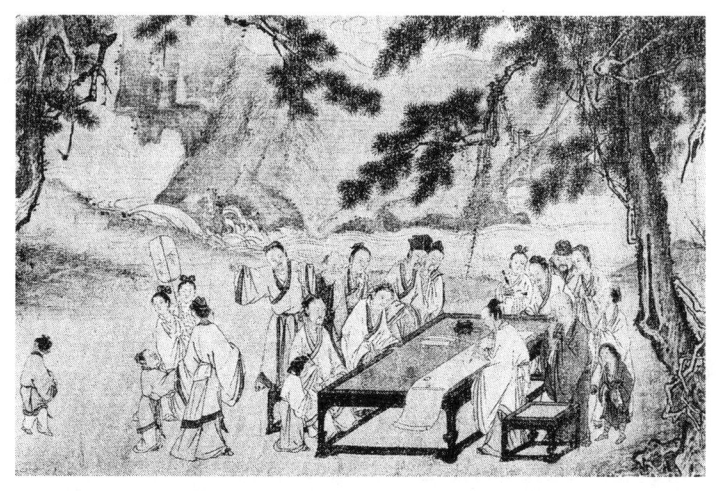

图4 《西园雅集图》(局部)[(宋)马远作，绢本，淡设色，
美国纳尔逊·阿特金斯艺术博物馆藏]

资料来源：浙江大学中国古代书画研究中心编《宋画全集》第6卷第5册，浙江大学出版社，2008，第131—151页。

圣元年（1023）诏："驸马都尉等自今不得与清要权势官私第往还。如有公事，即赴中书、枢密院启白。仍令御史台常切觉察，如有违犯，纠举以闻。"[1] 所以为官之时，最好清谨慎重，官至一定高位或身为戚里功臣，明哲保身、养晦避祸的方法之一就是浸于声色。

这种状况在历朝历代都不罕见，像唐玄宗天宝十载（751）九月二日敕：

五品已上正员清官、诸道节度使及太守等，并听当家畜丝

1　徐松辑《宋会要辑稿》帝系八之四八，第186页。

竹，以展欢娱。行乐盛时，覃及中外。

神龙二年（706）九月敕：

> 三品已上，听有女乐一部，五品已上，女乐不过三人。[1]

一方面是削弱官员的势力；另一方面是宣扬皇恩，给予丝竹之乐享受的恩典。如此恩威并重，享乐者也恭敬不如从命，以此表明心迹。

于此，《西园雅集图》中出现家姬，且米芾并不忌讳撰文并叙，苏轼所记王诜"屏远声色"与前文所揭之抵牾也就好理解了。与之相似，《韩熙载夜宴图》呈现的声乐景象自会让君王安心。因此，权贵之家蓄妓乐，不一定只是娱乐，也是安于现状的表示，是一种避祸方式。

第三节　权力的展示：职业的时间与空间

市妓因所处场合不同可以分为勾栏瓦舍妓女、酒楼妓女以及妓馆妓女等。总体来说，这些妓女多需要技艺傍身，但勾栏演剧妓女具有更强的专业性，主要表演杂剧、滑稽戏等，此中翘楚有如丁都赛之类，其形象略不同于后两类妓女，此处若不特别指出，亦涵盖其中。

1　王溥：《唐会要》卷三四，中华书局，1955，第630、628页。

一　市妓的培养

　　酒楼和妓馆中，假母是对妓女进行挑选培养的重要人员之一。假母亦称娼母。唐代《北里志》中载："妓之母，多假母也。亦妓之衰退者为之。诸女自幼丐育，或佣其下里贫家，常有不调之徒潜为渔猎。亦有良家子，为其家聘之，以转求厚赂。误陷其中，则无以自脱。初教之歌令而责之甚急，微涉退怠，则鞭扑备至。皆冒假母姓，呼以女弟、女兄为之行第，率不在三旬之内。"[1]假母从贫困人家物色幼女，或者拐卖良家女子，这些女性落入娼家后，则由假母教习歌舞，甚为苛责。有时候假母专门请乐人教以乐舞，花费甚多：

　　　　青楼女儿十五六，翠掠云鬟妙装束。千金学舞拜部头，新来教得凉州曲。锦鞯少年被花恼，醉把金钗换香草。西风楼前秋雁飞，舞衣狼籍花颠倒。[2]

青楼里花重金请人教年轻的妓女学习新曲和舞蹈，引得富贵少年迷恋消费。乐舞成为身体的附加成本，是经营者对商品的投资。

　　在一些家庭中，父母为了获取利益，便从小教女孩子歌舞，长大之后以色艺侍人，活跃在城市之中。在"使女也，教之歌舞，独不售数十万钱"的金钱刺激下，有些地方卖女儿成为较普遍的现

1　孙棨：《北里志》，本社编《唐五代笔记小说大观》下册，曹中孚校点，上海古籍出版社，2000，第1404页。

2　陈思编、陈世隆补编《两宋名贤小集》卷二七一《青楼曲》，《宋集珍本丛刊》第103册，影印清钞本，第60页。

象。"吴下风俗尚侈，细民有女必教以乐艺，以待设宴者之呼。使令莫逆，奉承惟恭，盖觊利赡家，一切不顾，名为私妓，实与公妓无异也。长大鬻为妾，狠戾则籍之官，动以千计，习俗薄恶，莫此为甚。"[1] 学习乐艺的女孩子长大后，随时等候宴会的召唤，年龄渐长后就被卖为妾。这个社会风气被一些官员所不齿，知南剑州徐元杰注意到："都人生女，自襁褓而教歌舞，计日而鬻之，不复有人父母之心"，甚至是让尚在襁褓中的女儿学习歌舞，数着日子等她长大卖给别家成为私妓，"此风积习，转转日甚，连蔑罕良家矣"。[2] 父母也和假母一样，仔细调教女儿，把她当作生意一样经营。妓女的身体被彻底地经营、消费，虽然她们也来自平常家庭，却从出生到成年，经历了漫长的、分阶段的生产、消费过程。通过专业的训练，妓女身体的价值实现最大化。

二　妓女在日常生活中的越制

在对妓女的经营过程中，一些高等妓女的生活呈现出常人难以企及的僭越状态。妓女在日常生活中的僭越，构成了人们对于妓女形象中奢华的想象，这种僭越也构成了对妓女身体消费的一部分内容。

衣

宋代多次下令禁止以销金为衣、翠羽为饰。但是妓女常有衣销金、戴翠羽者。

《梦粱录》中载在诸库迎煮的官方场合，上等妓女依然穿着

1　陈郁：《藏一话腴》，陶宗仪等编《说郛三种》卷六〇，上海古籍出版社，1988，第 910 页。
2　徐元杰：《楳埜集》卷三《淳祐甲辰上殿札子第二札》，《景印文渊阁四库全书》第 1181 册，第 646 页。

"销金衫儿"。[1] 诗词中也常见描写如"销金样窄"，[2] 或以销金帐幔营造歌舞场景，以致蔡嶷上奏时言："倡优下贱得为后饰。"[3] 政和七年（1117）时，这种情况依然没有改变，官僚言"倡优之贱，男子服带犀玉，妇人涂饰金珠，尚多僭侈"。[4]

这些禁令很多是自宫掖开始实施，但状况并不理想。如王十朋言："朝廷往尝屡有禁销金之令矣，而妇人以销金为衣服者，今犹自若也。又尝有禁铺翠之令矣，而妇人以翠羽为首饰者，今犹自若也。是岂法令之不可禁乎？岂宫中服浣濯之化，衣不曳地之风未形于外乎？"[5] 他将女性销金、翠羽的装扮归因于对宫中服饰之风的模仿。高等妓女因经济状况较好，且多接触戚里、士夫官僚，对宫中样式更有机会模仿。又"下至齐民稍稍有力者，无不竞以销金为饰，盖不止于倡优被服之僭也"。[6] 这里是说妓女衣着有僭越行为，在妓女群体中常常出现服制的僭越，也具有一种层次关系，即倡优衣饰僭越之规模超过普通民众，其风尚甚至可能也先于普通民众。

与外表的光鲜亮丽形成鲜明对比的是，很多人并不会因为妓女的服饰华丽而抬高她们的社会地位，甚至是行内之人也以此为耻。温琬没有入行时，"见群妓丽服靓妆，以市廛内为荒秽之态，且暮出则倚门，皆有所待。邂逅而入，则交臂促膝，淫言媟语以相夸尚"，

1　吴自牧：《梦粱录》卷二《诸库迎煮》，第149页。
2　刘过：《龙洲集》卷一一《沁园春·美人足》，第92页。
3　曾枣庄等主编《全宋文》卷二九四七《蔡嶷》，上海辞书出版社、安徽教育出版社，2006，第21页。
4　《宋史》卷一五三《士庶人服》，第3577页。
5　王十朋：《梅溪王先生文集》廷试策卷一，四部丛刊初编影印明正统刊本，商务印书馆，1922，第11—12页。
6　袁说友：《东塘集》卷一〇《禁戢销金札子》，《宋集珍本丛刊》第64册，影印清翰林院钞本，第339页。

希望自己不要堕入此行。[1]

住

高等妓女的居室之制和内在装饰上，也有相似的状况。以内在装饰来看，文人笔下对妓女居室的描述极为铺陈夸张："月晃金篦云腻梳，素娥何事下天衢。翩翩舞袖穿花蝶，宛转歌喉贯索珠。帘翡翠，枕珊瑚。锦衾冰簟水纹铺。春光九十羊城景，百紫千红总不如。"[2]华丽程度超乎想象，"居室服用，以壮丽相夸，珠玑金玉，以奇巧相胜，不独贵近，比比纷纷，日益滋甚"，[3]还在攀比中愈演愈烈。如淳祐年间（1241—1252），有妓女徐兰，"其家虽不甚大，然堂馆曲折华丽，亭榭园池，无不具。至以锦缬为地衣，乾红四紧纱为单衾，销金帐幔，侍婢执乐音十余辈，金银宝玉器玩、名人书画、饮食受用之类，莫不精妙，遂为三吴之冠"。[4]

还有另外一种类型，从《温琬》传里面可以略知一二。这位声誉极佳的才女，在卧室通宵达旦地读书，伸手就可拿到孔孟之书，书籍是她房间里极为重要的装饰，是她的寄托，是她与世俗世界沟通的桥梁，也是她表达渴望脱籍诉求的微小的资源。但是，温琬曾说"孟子几圣者也，琬何人，讵敢谈其书？"对于一个身世坎坷的妓女，善诵经典何尝不是一种超越身份的财富？

总之，闺房是女性悉心经营的天地，对于妓女，她们的闺房是呈现于他人的，或者奢侈或者雅致。她们的闺房是经营场所，却营造家的效果；她们的闺房既是自己才情的展示，更是对男性趣味的迎合。

---

1 刘斧撰辑《青琐高议》后集卷之七《温琬》，第167页。

2 赵彦端：《介庵词》，《景印文渊阁四库全书》第1488册，第82页。

3 《宋史》卷一五三《士庶人服》，第3577页。

4 周密：《癸辛杂识》续集下，第167—168页。

行

倡优出行乘轿，"今京城内暖轿非命官至富民、倡优、下贱，遂以为常"，但实际"民庶之家不得乘轿"，[1]《武林旧事》亦载妓女应他人招呼时乘轿，谓之"过街轿"。[2]

此外，妓女在技艺方面也有违背国家法令的状况。前文所述之新学西凉曲，应是指北方新曲，而官府并不允许"吹鹧鸪、拨胡琴、作胡舞之类"，禁止音乐"杂以胡声"。[3]

妓女在称呼方面亦有越制：

　　宣和五年三月十七日延康殿学士赵遹奏，乞降睿旨，禁止市井营利之家、伎巧贱工不得以官号揭榜于门肆。诏：令开封府禁止，外路依此。[4]

妓女之间以官号相称，着实是对权力关系的一种挑战和逾越。

三　权力的展示：职业的空间与时间

张宏从空间分布角度研究了娼妓对城市布局的影响，认为"两宋的妓院组织更体现出城市自组织成分的特征，作为当时城市的文化和经济运行方式之一，在城市空间从封闭到开放结构的形成和发展过程中，都是一个重要的促进因素"。[5]宁欣从妓女与人口流动、

1　徐松辑《宋会要辑稿》舆服四之九，第 1798 页。

2　周密辑《武林旧事》卷六《酒楼》，第 443 页。

3　徐松辑《宋会要辑稿》刑法二之一五六，第 6573 页。

4　徐松辑《宋会要辑稿》刑法二之八七至八八，第 6539 页。

5　张宏：《城市住居与中国古代娼妓制度》，《华中建筑》2000 年第 4 期，第 119 页。

人口结构、城市坊市布局的关系等方面进行了研究。[1] 本书想要进一步考察，妓女和市镇生活之间出现了怎样的互动。

日本学者佐竹靖彦先生看到《清明上河图》里，十余女性形象中并没有妓女的身影。[2] 但是马可·波罗惊叹宋末元初时的城市景象："其（娼妓）数之多，未敢言也，不但在市场附近此辈例居之处见之，全城之中皆有。衣饰灿丽，香气逼人，仆妇甚众，房舍什物华美。"[3] 马可·波罗所见到的景象是幻象吗？哪一种更真实呢？在实际生活中，居民可以和妓女在空间上和时间上保持距离吗？妓女在城市中是隐蔽的还是可见的？

可以以《东京梦华录》和《梦粱录》中所记的东京与临安做一了解。

（一）妓女所在地点与空间分布

东京

在东京汴梁，妓馆几乎分布在城市东南西北各个方向：

> 过州桥，两边皆居民。……向西去皆妓女馆舍。[4]
> 出朱雀门东壁亦人家。东去大街麦秸巷、状元楼，余皆妓馆。[5]

1　宁欣：《由唐入宋都市人口结构及外来、流动人口数量变化浅论——从〈北里志〉和〈东京梦华录〉谈起》，《中国文化研究》2002 年第 2 期。

2　〔日〕佐竹靖彦：《〈清明上河图〉为何千男一女》，邓小南主编《唐宋女性与社会》，第 785—826 页。

3　〔法〕沙海昂注《马可波罗行纪》第 2 卷《补述行在》，第 580 页。

4　孟元老著，邓之诚注《东京梦华录注》卷之二《宣德楼前省府宫宇》，第 52 页。

5　孟元老著，邓之诚注《东京梦华录注》卷之二《朱雀门外街巷》，第 59 页。

这些妓馆与太学相去不远。按照《北里志》"京中饮妓，籍属教坊，凡朝士宴聚，须假诸曹署行牒，然后能致于他处。惟新进士设筵顾吏，故便可行牒……其所赠之资，则倍于常数"，[1]新进士初涉职场的交际已有妓女相助。实而妓女与这些学子的交往已是一种传统，太学附近出现妓馆更是顺理成章的事情。《夷坚志》中记载了一个故事，这个故事几乎是专门讲给士人听的：京师太学的三个同舍生告假出游，"然心中拳拳未尝不在妇人也"，遇到一个"美好女子"，相谈甚欢，得知对方为"名娼"，其后发现是恶鬼。[2]故事固然有传奇劝世的成分，但可以说明太学生的娱乐生活里往往有妓女参与。

　　至保康门街，其御街东朱雀门外，西通新门瓦子。以南杀猪巷，亦妓馆。[3]

　　下桥（州桥），南斜街、北斜街，内有泰山庙，两街有妓馆。[4]

　　以东牛行街、下马刘家药铺、看牛楼酒店，亦有妓馆，一直抵新城。[5]

　　土市北去乃马行街也，人烟浩闹。先至十字街，日鹌儿市，向东日东鸡儿巷，向西日西鸡儿巷，皆妓馆所居。[6]

　　寺南即录事巷妓馆，绣巷皆师姑绣作居住。北即小甜水巷，巷内南食店甚盛，妓馆亦多。[7]

　　北去杨楼，以北穿马行街，东西两巷，谓之大小货行，皆

1　孙棨：《北里志》，第 1403 页。

2　洪迈：《夷坚志》乙志卷第一五《京师酒肆》，第 313 页。

3　孟元老著，邓之诚注《东京梦华录注》卷之二《朱雀门外街巷》，第 59 页。

4　孟元老著，邓之诚注《东京梦华录注》卷之二《潘楼东街巷》，第 70 页。

5　孟元老著，邓之诚注《东京梦华录注》卷之二《潘楼东街巷》，第 70 页。

6　孟元老著，邓之诚注《东京梦华录注》卷之二《潘楼东街巷》，第 70 页。

7　孟元老著，邓之诚注《东京梦华录注》卷之三《寺东门街巷》，第 102 页。

> 工作伎巧所居。小货行通鸡儿巷妓馆。[1]

无论是大小商行、交通要道、庙宇的附近，以及酒楼，还是居民较多的地方，都有妓馆的存在。

临安

> 中瓦子前武林园，向是三元楼康、沈家在此开沽……（有）浓妆妓女数十。[2]
>
> 次有南瓦子熙春楼王厨开沽，新街巷口花月楼施厨开沽，融和坊嘉庆楼、聚景楼，俱康、沈脚店，金波桥风月楼严厨开沽，灵椒巷口赏新楼沈厨开沽，坝头西市坊双凤楼施厨开沽，下瓦子前日新楼郑厨开沽，俱有妓女。[3]
>
> 融和坊、新街及下瓦子等处散乐家，女童装末，加以弦索赚曲，祗应而已。[4]

临安的情况就更加复杂，大抵有酒楼、有饭馆的地方，就有妓女出现。妓馆的存在突破了坊市的界限，分布于各个地方，整个城市都被卷入了妓女消费的市场。在这个市场中又自动分化，孕育着因为消费需求而形成的不同社区。不同的男性群体通过共享同一女性市场，形成了社交圈，形成了男性与男性之间的认同。《夷坚志》记载一秀才失踪后，依据线索"众谓江东士人多好游蔡河岸妓家"[5]找

1　孟元老著，邓之诚注《东京梦华录注》卷之二《酒楼》，第71页。
2　吴自牧：《梦粱录》卷一六《酒肆》，第263页。
3　吴自牧：《梦粱录》卷一六《酒肆》，第263页。
4　吴自牧：《梦粱录》卷二〇《妓乐》，第309页。
5　洪迈：《夷坚志》丁志卷第一一《蔡河秀才》，第631页。

寻，果不其然。不同地域、不同阶层、不同职业的男性通过这种交流方式，形成自身的社交网络。同时，获得被男性认可的女性的认可，等于被同阶层社会认可。同以往相比，这种市场和阶层的分化的确更趋于自发性。

更进一步来看，宋代的城市变得更加立体，楼宇林立，突破了宫室外不得起楼的规定。[1]因此也形成了自下而上后自上而下的不同景观。

自下而上：很多酒楼有两三层高，也多有妓女辅助经营。"凡京师酒店门首，皆缚彩楼欢门。唯任店入其门，一直主廊约百余步，南北天井两廊皆小阁子。向晚灯烛荧煌，上下相照，浓妆妓女数百。聚于主廊槏（檐）面上，以待酒客呼唤，望之宛若神仙。"[2]这种灯火辉煌的场景，一般的书生也很难有足够的经济实力融入其中。陆游的诗篇中描述了商人在娼楼挥金如土的场景——"倡楼呼卢掷百万，旗亭买酒价十千"，对比之下，"儒生辛苦望一饱，趑趄光范祈哀怜；齿摇发脱竟莫顾，诗书满腹身萧然。自看赋命如纸薄，始知估客人间乐"。[3]然而事实上，官宦和士人也是主要的消费群体。这样的消费场景由于同普通人生活有巨大落差，才会在仰视的视角中呈现妓女"宛若神仙"的场景。也因为如此，一些家庭才会从小教女儿歌舞，期待获得更多利润。妓女对州县市镇中百姓生活的影响，更为具体和细微，对居民消费具有潜移默化的影响。

自上而下：宋代皇室的楼由于已经不是唯一的高楼。如东华门

1　宁欣对于唐宋时期城市中的楼宇发展状况有较为详细的描述。宁欣：《唐宋都城社会结构研究——对城市经济与社会的关注》上编"唐宋都城经济社会空间的拓展（下）"，商务印书馆，2009，第36—53页。

2　孟元老著，邓之诚注《东京梦华录注》卷之二《酒楼》，第71页。

3　陆游著，钱仲联校注《剑南诗稿校注》卷一九《估客乐》，上海古籍出版社，2005，第1504页。

外景明坊的丰乐楼，"宣和间更修三层相高，五楼相向，各用飞桥栏槛，明暗相通，珠帘绣额，灯烛晃耀……内西楼后来禁人登眺，以第一层下视禁中"。[1]从楼上就可以看到皇宫内院的景象，北宋仁宗康定年间圣上同百官随从"所过旗亭市楼，垂帘外蔽，士民冯高下瞰，莫为严惮"。[2]那妓女从楼上向下望去的时候又是怎样的心态呢？那皇室因戒备森严而产生的威仪是否会受到些许的消解呢？

（二）妓女在节日与日常生活中的展示

节日

节日时，妓女通常会有公众活动。北宋时，正月一日"列舞场歌馆"，十五日元宵御街有"歌舞百戏"，其他街道亦有乐人，收灯后，踏春时过"金明池西道者院，院前皆妓馆"，池中有画舫，楼前按乐；三月一日"开金明池琼林苑"，列妓女于彩楼作乐；四月佛诞后"初卖煮酒"；[3]六月六、七夕、秋社、八月中秋、九月重阳、天宁节、十二月初八、十二月二十四、除夕，几乎都有妓乐展示。南宋节日也有相似的庆祝活动。《武林旧事》载"熙春楼"等十八家"市楼之表表者"，"每处各有私名妓数十辈，皆时妆袨服，巧笑争妍。夏月茉莉盈头，春（香）满绮陌。凭槛招邀"。[4]每逢节日，更是争奇斗艳。

有宋一代，不仅市妓频频出现在众人眼前，官妓在节日或者有迎送需要的时候也会出现在大众视野之中。

几乎在一年的十二个月中，每月都有节日，妓女是这些节日气

1　孟元老著，邓之诚注《东京梦华录注》卷之二《酒楼》，第 71 页。

2　《宋史》卷一四四《仪卫二》，第 3388 页。

3　孟元老著，邓之诚注《东京梦华录注》，第 154—254 页。

4　周密：《武林旧事》卷六《酒楼》，第 442 页。

氛的构成因素之一。在这些时候，妓女出现在街市是常见的景观，居民并不太容易回避这种场合。

节日之外，妓女离百姓的日常生活有多远呢？实际上，妓女在空间、时间中渗透到街市，与居民相隔不甚远，甚至比邻而居。如"过州桥，两边皆居民"，向西不远即妓女馆舍。临安的居住状况更加随意，"汴人王从事挈妻妾来临安调官，止抱剑营邸中，顾左右皆娼家"。[1]《名公书判清明集》中有一个案例："支乙于衢州南市楼上，开置柜坊，楼下开置茶肆，以妻为饵。徐庆三、何曾一、王寿、余济皆与逾滥，与以钱物，群聚赌博，实为欺骗渊薮。"[2]支乙可以在楼上开柜坊，楼下开茶肆，让妻子当妓女，作为诱饵来诈骗。这个骗局中受害者对于这样的地方出现妓女没有丝毫的怀疑，人们对于这种经营方式和居住的灵活性习以为常，也可以理解为在日常生活中妓女因为居住或经营地点毗邻民居，会常常出现在众人的视野中。

在夜晚的时候更加明显。夜禁已成为一纸具文。[3]大抵诸酒肆瓦市，不以风雨寒暑，白昼通夜。晚上时，"酒肆门首，排设杈子及栀子灯等"，[4] "向晚灯烛荧煌，上下相照，浓妆妓女数百"，"望之宛若神仙"，[5]灯火塑造了一个不同于平常人家的舞台，光线将妓女所象征的奢侈、欲望身体展露开来。

这种空间环境也造就在不同时间居民都可以见到妓女，在日常生活中，妓女并不是普通居民所禁忌的景象与话题。妓女在城

1　洪迈：《夷坚志》丁志卷一一《王从事妻》，第631页。

2　《名公书判清明集》卷之一四《因赌博自缢》，第530—531页。

3　日本学者久保田和男先生研究认为北宋开封存在夜禁，但是仍有居民通宵营业。参见《宋代开封研究》第五章（〔日〕久保田和男：《宋代开封研究》，郭万平译，上海古籍出版社，2010）。

4　吴自牧：《梦粱录》卷一六《酒肆》，第263页。

5　孟元老著，邓之诚注《东京梦华录注》卷之二《酒楼》，第71页。

市中就是一种景观，她们生活中对礼制的僭越是为公众可见、可知的。

在宋代，市妓与其他女性相比虽然特殊，但是她们的来源、培养、成长在市镇中都是一种常态的存在，在她们身上形成了特殊的张力。

（1）与深门大院内的官宦与富民不同，市妓以低微的身份将越制向大众展示得极为彻底。官僚所言"倡优之贱，不得与贵者并丽"，[1]然而在实际中，身份不能阻碍身体的外在表现。围绕妓女形成的消费市场，对大众的日常经验产生影响，"倡优下贱得为后饰"，"雕文纂组之日新，金珠奇巧之相胜，富者既以自夸，贫者耻其不若，则人欲何由而少定哉！"[2]同时也是将欲望和节操之间的矛盾、地位和财富之间的权衡淋漓尽致地表现出来。

（2）围绕妓女形成的市场连通了君、臣、百姓，在不同的时间、不同的空间，共同见证了欲望市场的膨胀。反之，围绕妓女所形成金钱、身体欲望的膨胀，使市妓市场更加繁荣。甚至在宋徽宗时，"京都妓之姥曾嫁伶官，常入内教舞"，[3]妓馆的假母凭一点沾亲带故的关系，进入宫廷内院教人歌舞。君、臣、百姓共享这个市场，都有与之接触的机会。她们仿佛是百姓、权贵之家天壤之别的生活间的中间地带。

（3）市妓并不是整齐划一的共同体，不同地点、不同场所的妓女往往拥有不同的消费群体，她们的内部也是泾渭分明的。消费主体的不同，自然而然，使妓女产生了分化，酒楼、茶肆等地多设

1　《宋史》卷一五三《士庶人服》，第 3577 页。
2　徐松辑《宋会要辑稿》刑法二之五三，第 6573 页。
3　杨湜撰，赵万里辑本《古今词话·无名氏》，唐圭璋编《词话丛编》第 1 册，中华书局，1986，第 45 页。

有妓女，有着不同的主顾群体。学舍士夫不仅在文化上占据强势地位，还是商品的主要消费群体。官妓居多的官库"每库设官妓数十人，各有金银酒器千两以供饮客之用"，极尽奢华，"官中趁课初不藉此，聊以粉饰太平耳。往往皆学舍士夫所据，外人未易登也"。[1] "有张卖面店隔壁黄尖嘴蹴球茶坊，又中瓦内王妈妈家茶肆名一窟鬼茶坊，大街车儿茶肆、蒋检阅茶肆，皆士大夫期朋约友会聚之处"，[2] "市楼之表表者，每楼各分小阁十余，酒器悉用银，以竞华侈。每处各有私名妓数十辈，皆时妆袨服，巧笑争妍。夏月茉莉盈头，春（香）满绮陌，凭槛招邀，谓之'卖客'"，这些市妓展示性更强，通宵达旦，客户络绎不绝。[3] 有市井之徒消费之处，"大街有三五家开茶肆，楼上专安著妓女，名曰'花茶坊'，如市西坊南潘节干、俞七郎茶坊，保佑坊北朱骷髅茶坊，太平坊郭四郎茶坊，太平坊北首张七相干茶坊，盖此五处多有吵闹，非君子驻足之地也"。[4] 市场和阶层的分化，也带来妓女内部的分化。

（4）妓女与家庭、社会之间形成了不同的关系模式。对于妓女自身而言，财富来源于对身体的经营，是"采取物化形式的损耗"，[5] 消耗着居家女性不必需的华丽与姿态，她们以这种形象进入社会体系。妓女倚门而立、立于长廊，就如同商品之销售。妓女的身体、妓女的屈从与隶属、妓女的消费经营、妓女的自我展演都暴露在大众的审视下。妓女身体的消费性，无处可遁。

妓女将自身的越制，在具体的时间和空间中展演于大众，挑战

1　周密：《武林旧事》卷六《酒楼》，第441页。
2　吴自牧：《梦粱录》卷一六《茶肆》，第262页。
3　周密：《武林旧事》卷六《酒楼》，第442页。
4　吴自牧：《梦粱录》卷一六《茶肆》，第262页。
5　〔法〕乔治·巴塔耶：《色情史》，第119页。

着既成的社会规范，也使规范体系中的男性更加笃信良家女性应该具有的社会规范是相异于妓女的行为举止，妓女被置于良家女性之外，闺门之内几无容身之地。"闺门内外之禁，不可不严。若容侍妾，令妓辈教以歌舞，纵百姓妇女出入贸易机织，日往月来，或启子弟奸淫，或致交通关节。盖外人睹其出入深熟，嘱之以事，彼有所受，讼至有司，事干闺门，尤难施行。要在责阍人禁止，仍常加察，不然，恐有意外之事"。[1]这个过程中污名化的是肉体、是欲望、是金钱，它的对立面是节操、母性、距离。城市越发展，越需要深门大院将"高尚"的东西隔绝起来。简单来说，妓女的生活既有奢侈的想象，有感情节制的想象，也有文化雅致的想象，这种多样性是城市生活中的不同选择，也形成良贱的阻隔，相比之下婚姻、家庭中的坚贞却是唯一的。市妓，连同情欲的身体是城市的一部分，但是被排斥在家庭之外。

1　不著撰人：《州县提纲》卷一《严内外之禁》，《景印文渊阁四库全书》第602册，第624页。

　　也就是说，可能有一种关于肉体的"知识"，但不完全是关于肉体功能运作的科学；可能有对肉体力量的驾驭，但又不仅是征服它们的能力；这种知识和这种驾驭构成了某种可以称为肉体的政治技术学。当然，这种技术学是发散的，几乎没有形成连贯的系统的话语；它往往是各种零星的片断；它使用的是一套形形色色的工具和方法。尽管其结果具有统一性，但一般来说，它不过是一种形式多样的操作。另外，它不是固定在某种特殊的制度机构或国家机器中。它们都求助于它，使用、选择或推行它的某些方法。但是，就其机制和效应而言，它处于另外一个层面。在某种意义上，国家机器和各种机构所运用的是一种权力的微观物理学，其有效领域在某种意义上是介于这些重大功能运作与具有物质性和力量的肉体之间。

　　——〔法〕米歇尔·福柯:《规训与惩罚：监狱的诞生》，
　　　刘北成、杨远婴译，三联书店，2003，第 28 页

第三章　官员、国家关系中的妓女：官妓

以上的研究说明，女性并没有缺席于历史，但是她们的"失声"状态使女性在政治、权力运作中的状况并不明了。接下来本书尝试通过官妓的身体经验发掘她们如何活跃于家、国政治中。官妓包括教坊妓、地方各级官署的歌妓。宋代教坊反复置废，南宋最终废除教坊后，乐人多隶临安府。"遇大宴等，每差衙前乐权充之。不足，则又和雇市人。近年衙前乐已无教坊旧人，多是市井岐路之辈。"[1]最终被地方衙前乐人所取代，故此处讨论以地方乐妓为主，暂不涉及教坊妓。

1　赵升编《朝野类要》卷一《教坊》，王瑞来点校，中华书局，2007，第31页。

　　官妓与官员、国家的关系，此处主要通过两方面进行阐述：一是官员与妓女的关系处于国家的监控管理之中；二是宋代官妓由政府单独管理，其身份不同于百姓。[1]由于资料的匮乏与发掘不足，目前对妓女的管理状况还缺乏较为清晰的认识，一些基本问题尚未解决。笔者就目前所见材料分析梳理，发现县、州两级地方行政单位中有官妓祗应。官妓的脱籍和行动自由受到相应行政部门的监管。以下，先分析官妓的来源以及厘清一些基本概念。

第一节　官妓的来源与相关概念

一　官妓的来源

　　前代战争时期，有掳掠女性为官妓的情况，就笔者目前所见材料，尚不清楚宋代战争中被掳掠女性的处理情况。在此以外，官妓的主要来源有以下两种。

（一）犯罪没入

　　《续古今考》中载："良人女犯奸三人以上，理为杂户，断脊杖，送妓乐司收管。"[2]这是指良人女子犯罪后，断为杂户，收入妓

1　日本学者高桥芳郎认为宋代妓女之户为杂户，戴建国先生也持此种看法，并认为杂户分为公私户。可参见〔日〕高桥芳郎《宋—清身分法之研究》，北海道大学图书刊行会，2001；戴建国《"主仆名分"与宋代奴婢的法律地位——唐宋变革时期阶级结构研究之一》，《历史研究》2004 年第 4 期。

2　方回：《续古今考》卷三六《酒浆笾醢醯盐幂奄女奚》，《景印文渊阁四库全书》第 853 册，第 591 页。

籍。如后文之阿叶便是协同藏匿后被判"徒二年，籍为官妓"。[1]
官妓师奴落籍时，判词中称"罪无重科"，可见也是犯罪后没入
为妓。[2]

（二）卖入官府

官妓另一种重要来源，是被卖入官府的女子。买卖双方约定年
限。《夷坚志》中载，一老妪诉说卖自己女儿入官府时，"立券以七
年为限"，到时限后，"乞取归养老，庶免使以良家子终身风尘中"。[3]
过了约定年限后，妓女仍归原卖者。

还有一些情况比较特殊。一是仕宦家属流为娼，如宁宗庆元
年间（1195—1200），"仕宦家属因而流落，不能出广，甚至子弟
为奴仆，妻女为娼婢"，故"许经所在州军自陈，日下释放，仍令
本州津遣"。[4]

二是良人被拘为官妓。如有时官妓不够祗应，则有"良民妇女
拘入妓籍"。[5]宋徽宗宣和六年（1124）正月十三日，秦凤路经略安
抚使郭思奏："访闻管下州县将人户籍充乐人、百戏人，寻常筵会接
送，一例有追呼之扰。乞降指挥，除圣节开启外，截日改正。"此
前，并没有明文对这种行为进行约束，故礼部状称："将人户籍充
乐人、百戏人，勒令阅习百戏、社火，寻常筵会接送追呼等，即未
有禁约条法。看详除圣节开启并传宣抚问之类外，并合立法禁止。"
自此，诏："州县辄抑勒人户充乐人、百戏、社火者，杖一百。"[6]其

---

1 《名公书判清明集》卷之一二《兵士失妻推司受财不尽情根捉》，第 449—450 页。
2 罗烨：《醉翁谈录》庚集卷二《花判公案》，第 76 页。
3 洪迈：《夷坚志》支丁卷第四《娼女冯妍》，第 996 页。
4 徐松辑《宋会要辑稿》食货五八之二五，第 5833 页。
5 《名公书判清明集》卷之一《劝谕事件于后》，第 14 页。
6 徐松辑《宋会要辑稿》刑法二之八九，第 6540 页。

中，圣节临时拘民充乐人仍是合法的。以此看来，不可能完全杜绝抑勒良民为乐人的行为。

二 "营妓"为官妓考辨

有宋一代妓女活跃，成为文化的重要组成部分。当代学者多有关注，但是一些基本概念依然以讹传讹，错误百出，不胜枚举。如本书所述之"营妓"涉及宋代是否有军妓的问题，需要特别厘清一下。常建华曾撰文说明唐以前并没有营妓制度，宋代的营妓应该是地方妓女，应是如此。[1]

唐代即有乐营的存在。但是乐营是军营专属，还是另归其他部门所属，学者存有争议。唐司空图诗中"军营人学内人妆"，清人俞正燮《癸巳类稿》中注此认为"军营人"为乐营妓，[2]任半塘已考证认为乃是军人，不是妓女。[3]一些学者以此类推，认为"营妓则顾名思义，只对军中开放"。[4]高世瑜则认为，地方官妓属"乐营"管理，也称"乐营女子""营妓"，营妓由地方长官如节度使等直接掌握、支配。[5]廖美云同高世瑜看法类似之处在于认为营妓不是专为军营武将所设，但是"营妓为官妓之一种"，"须侍奉文武官员之狎乐"，"地方文武官吏都对她们有掌控权"。[6]张福政则是从根本上否定了营妓籍属军队的说法，认为唐代营妓一部分是"具有限住在乐

1　常建华《"营妓"辨析》一文主要是针对王书奴《中国娼妓史》中营妓的概念进行了辨析，认为营妓不是随军妓女。氏著《婚姻内外的古代女性》，中华书局，2006，第227—232页。

2　俞正燮：《癸巳类稿》，涂小马等校点，辽宁教育出版社，2001，第431页。

3　任半塘：《唐戏弄》，上海古籍出版社，1984，第七章。

4　宋德熹：《唐代的妓女》，鲍家麟编《中国妇女史论集续集》，稻乡出版社，1999，第67—122页。

5　高世瑜：《唐代的官妓》，《史学月刊》1987年第5期。

6　廖美云：《唐伎研究》，台湾学生书局，1995，第151页。

营中、由公家供给衣粮等官奴婢性质"，此外，还有一类营妓又被称为"官妓"，"她们所表现出来的特质，反而更接近于平康倡家中的妓女"。[1]笔者认为营妓之所以服务于军队，并不是因为营妓是军队专属，而是因为唐代中后期以后，地方节度使权力不断坐大，掌军权者通常集财权等于一身，地方事务多由武官秉持，属于地方管理的营妓自然也就服务于武官、军营。五代情况与之相似。综上分析，营妓为地方官妓，不属于军妓之事，几已辨明。

　　唐代"营妓"的概念不清晰。宋代"营妓"属军营还是地方管理，仍是存有争议的问题之一。自俞正燮始对于营妓的隶籍问题就有模糊之处：

> 　　《礼志·赐酺》云：自丹凤楼前，至朱雀门，集开封府诸县及诸军乐人，列于御街。则宋时有隶军者，有隶郡者。《宋史·仁宗纪》云：天圣九年闰九月，诏营妇配南北作坊者释之。《刑法志三》云：妇人应配，则以妻窑务，或军营致远务卒之无家者，著为法。[2]

俞正燮认为宋代营妓有归军队所辖者，也有归于郡县管辖者。营妓的来源之一是发放至军营的流配妇人。

　　邓之诚所著《骨董琐记》中"宋太宗灭北汉，夺其妇女随营，是为营妓之始。后复设官妓，以给事州郡官幕不携眷者"，亦认为宋代娼妓分属"军营""州郡"。[3]王书奴在《中国娼妓史》中转引此

1　张福政：《唐代妓女的类别与性质研究》，博士学位论文，台湾政治大学，2001，第99—100页。

2　俞正燮：《癸巳类稿》，第431—432页。

3　邓之诚：《骨董琐记全编》卷四《宋官妓营妓》，邓瑞整理，中华书局，2008，第140页。

文，后来，以讹传讹，多有此理解。

　　上述论证可商榷处有三。其一，"营妓"不是军队专属妓女。庞德新以《续资治通鉴长编》所载驳邓、王之论证，考太祖平北汉时得刘继元所献宫人分立功将校之事，显然性质区别于"夺其妇女随营"之说法，且太祖严军法，是故军营中应无娼妓。[1] 军中不许置妓应是宋初即成为后世延续之传统，如宋宁宗嘉定五年（1212）因江西安抚李珏言江州水军统制陈定显"辄取娼妓置之军中"，随之陈定显被放罢，可见娼妓不容于军。[2]

　　谢桃坊也认为营妓为地方官妓，但是宋代另置军妓，军中称为官妓，不称"营妓"。[3] 谢桃坊以《东轩笔录》所记载苏舜钦在进奏院值节时，招馆阁同舍合乐会宴，"酒酣，命去优伶，却吏史，而更召两军女伎"。[4] 又《厚德录》也记"李和文都尉好士，一日召从官，呼左右军官妓置会夜舞"。[5] 武舟在《中国妓女文化史》中澄清了这个误会，认为此处所说的"两军"在《东京梦华录》中解释为："所谓左右军，乃京师坊市两厢也，非诸军之军"。[6] 也可以此说明俞正燮据《宋史·礼志》引"赐酺"所用"诸军乐人"，为左右军乐人，并属开封衙前乐营。武舟在此之后，继续讨论军队与妓女的关系，认为虽然没有见到中央禁军设乐营以管理女妓，"宋代的营妓就是地方官妓，但由于他们有时也为军营服务，所以仍可称为营妓"。[7] 实际上，武舟此处并未有实例论证官妓为军营服务的状况，所以说营

1　庞德新：《从话本及拟话本所见之宋代两京市民生活》，第 151 页。

2　徐松辑《宋会要辑稿》职官七四之四二，第 4071 页。

3　谢桃坊：《宋代歌妓考略》，朱东润等主编《中华文史论丛》1983 年第 4 辑。

4　魏泰：《东轩笔录》卷四，第 41 页。

5　李元纲：《厚德录》卷四，中华再造善本影印百川学海宋刻本，北京图书馆出版社，2004，第 8 页。

6　孟元老著，邓之诚注《东京梦华录注》卷九《宰执亲王宗室百官入内上寿》，第 220 页。

7　武舟：《中国妓女文化史》（修订本），东方出版中心，2006，第 99 页。

妓之称呼来自官妓为军队服务，稍显牵强。

其二，营妓并不是"营妇"。大概由于"营妓"与军营之"想当然"的联系，"营妓"容易被误解是为军营服务，而军中另有其他女性称谓不明，以致如俞正燮将"营妓"等同于"营妇"，造成"营妓"与"营妇"的混淆。营妇，应是军士之妻，亦是"军妇"。《宋史·仁宗本纪》所载诏令"营妇配南北作坊者，并释之"，[1]《刑法志》记同一事为"京师裁造院募女工，而军士妻有罪，皆配隶南北作坊。天圣初，特诏释之，听自便。妇人应配，则以妻窑务或军营致远务卒之无家者，著为法"，[2]便是将"军士妻"称"营妇"，如果士兵的妻子被判有罪便被发配到南北作坊做工，天圣年间曾经赦免这些女性，让她们自行选择出路。《宋会要辑稿》也记同一事，为："二十一日诏：南北作坊见管配到诸军家口，充针工。并裁造院先召到女工并放逐，今后更不配充针工。如有犯此刑名者，依断讫配窑务，及致远务无家累兵士。"[3]此处，营妇指称略广，是指军士家口，有可能包括其妻、妾、女等。

宋代士兵的妻子可以住营与随营，"其京畿诸州便运路者，则有就粮兵焉，许挈家属以往，及本州兵皆更迭屯驻，代还始复旧所"。[4]所以宋代的军队驻扎地有女性是比较普遍的现象。宋神宗熙宁七年（1074）"知冀州王庆民言，捕得骁捷第三指挥作过兵士八人"。诏："为首者陵迟处斩，余皆斩之，妻子分配别州军诸指挥为奴婢"，因"人情不伏，营妇群诉于州将，谕之不去，杖二人于营门，乃肯

---

1 《宋史》卷九《仁宗一》，第 178 页。

2 《宋史》卷二〇一《刑法三》，第 5016 页。

3 徐松辑《宋会要辑稿》刑法四之一一，第 6627 页。

4 马端临：《文献通考》卷一五二《兵考四》，第 1327 页。

从"。[1] 正是因为兵士犯过后，妻子亦被处罚，物伤其类，故兵士妻一同上诉。此处营妇所指仍为兵士妻，而且如诏令所言，如果她们同受处罚，是罚作别州军诸指挥的奴婢而非妓女。

宋代的法律为了让士兵能心无旁骛，还对士兵的"营妇"加以监督，犯奸则重罚。宋仁宗庆历四年（1044）规定"自今差出屯驻、驻泊禁军，妻口在营及诸处犯奸，各加奸罪二等"。[2]《名公书判清明集》载，"营妇阿叶，中夜为强有力者挟而匿之"，其夫兵士张震讼之于州，官吏与藏匿之家勾结受贿，不曾全力追捕。原是藏匿人苏炳之家婢"诱致阿叶，藏置其家"。勘破案情后，阿叶"徒二年，籍为官妓，押下浦江县拘管，毋令东西"。[3] 其中，营妇阿叶如果已是官妓，则不可能再次籍为官妓，籍为官妓后是由浦江县管理，也并不是军营。因此，营妇所指为兵士妻，不是官妓。

其三，营妓是州府级地方官妓，由乐营将辅助管理。庞德新认为"营妓"为宋代沿袭唐代之称谓，与"官妓"互称，如东坡以营妓侑觞事亦被载为官妓，严蕊既称营妓，也称官妓。[4] 武舟以宋代文献中 16 例州、府所隶官妓被称为"营妓"的史料进行说明，其认为"州、府一级的地方官妓被称为营妓"，而"县级地方官妓被称为营妓的却并不常见"。[5]

考史料所载，一方面"营妓"是沿袭前代乐营制度中对妓女的称呼，另一方面州府确有乐营设置。相较于中央之教坊设置，"诸州皆有衙前乐营"，[6] "凡天下郡国皆有牙前乐营，以籍工伎焉"，[7] 其中所

1　李焘：《续资治通鉴长编》卷二五〇，熙宁七年二月丁丑，第 6091 页。

2　徐松辑《宋会要辑稿》刑法四之二一，第 6632 页。

3　《名公书判清明集》卷之一二《兵士失妻推司受财不尽情根捉》，第 449—450 页。

4　庞德新：《从话本及拟话本所见之宋代两京市民生活》，第 150 页。

5　武舟：《中国妓女文化史》，第 98 页。

6　徐松辑《宋会要辑稿》职官二二之三二，第 2876 页。

7　陈旸：《乐书》卷一八八《乐图论·东西班乐》，《景印文渊阁四库全书》第 211 册，第 849 页。

属乐营妓女为营妓，是州府一级地方官妓，是本书所说官妓的一部分。营妓通常由乐营将所督管，"至今谓优女为弟子，命伶魁为乐营将"。[1]这一点，在营妓的活动中也可相互印证，容为后叙。

第二节　权力控制下的官员与妓女关系

对于妓女身体的消费并不是毫无约束的，宋代妓女同官员的身体关系处于国家的监控、管理之下。身体是政治、经济、文化及诸多社会关系的载体，考察中国古代历史，不难看到，士人的身体作为政治世界最基本的单位，被一以贯之地阐发为家、国、天下的基础。《礼记》称：

> 古之欲明明德于天下者，先治其国。欲治其国者，先齐其家。欲齐其家者，先修其身。欲修其身者，先正其心。欲正其心者，先诚其意。欲诚其意者，先致其知，致知在格物。物格而后知至，知至而后意诚，意诚而后心正，心正而后身修，身修而后家齐，家齐而后国治，国治而后天下平。[2]

修身成为一种追求，是齐家、治国、平天下的起点。因此，古代中国人的身体从来都不是自在自为的，而是规训的对象。正当的男女关系，是修身齐家的重要内容，为君子者应克己奉行、切实履践，所谓："夫妇之道，王化之基，男女正位，天地大义。

---

1 程大昌：《演繁露》卷六，《景印文渊阁四库全书》第852册，第118页。

2 十三经注疏整理委员会整理《礼记正义（十三经注疏）》卷第六〇《大学》第四二，北京大学出版社，2000，第1859页。

平日所讲修身齐家之道，当真履实践，勿为口耳之学。"[1] 但是它与古代中国特有的婚姻家庭制度相联系，娼妓制度包括官员宿娼行为长期存在，至宋以后有所变化，国家开始禁止官员宿眠官妓。在以往的研究中，宋代士人与妓女的关系较为人关注，相关成果较多，[2] 而对于官员与妓女身体关系虽有论著涉及，但尚无专门研究。[3] 这里尝试从宋代国家对官员宿娼的态度及管理，分析国家对士大夫的身体控制，以及妓女与二者的利害关系。此处所指的"娼"主要限于地方官妓，她们由官府直接管理，其与官员的交往也就处在国家的视野之下。

一　众说纷纭：由一则公案说开去

朱熹与唐仲友之公案，牵涉人数较多，数百年来判定其谁是谁非的争论不曾停歇，而有关该事件的起因则始终语焉不详，[4] 有待学

1　《宋史》卷四五《理宗五》，第 879 页。

2　相关论文如宋东侠《宋代士人的狎妓》(《史学月刊》1997 年第 4 期)，著作如李剑亮《唐宋词与唐宋歌妓制度》等。

3　涉及官员宿娼问题的论文如张邦炜《两宋时期的性问题》(邓小南主编《唐宋女性与社会》)，著作如庞德新《从话本及拟话本所见之宋代两京市民生活》、武舟《中国妓女文化史》等。其中，俞兆鹏《从朱熹按劾唐仲友看南宋贪官与营妓的关系》(《江西社会科学》2005 年第 2 期)一文从官员嫖妓方式、危害及历史教训的角度对宋代官员宿娼问题有所探讨，可资参考。

4　从《夷坚志》《齐东野语》到《宋元学案》《书林清话》等都记载了此事。对此事的起因，诸书说法莫衷一是，或认为朱、唐二人皆为书生意气，或认为是朱熹公报私仇。现代学者对此问题仍存争议，或认为朱熹是出于其理学思想的主张，如俞兆鹏《论朱熹按劾唐仲友事件——兼论朱熹的政治思想》(《江西社会科学》1991 年第 2 期)；或认为与学派门户之见有关，如张继定、毛策《唐仲友之悲剧及其成因略考》(《浙江社会科学》2005 年第 5 期)。朱瑞熙则认为朱、唐二人因思想争论延伸为政治争斗，其中严蕊形象被不断渲染，渐离事实(《宋代理学家唐仲友》，刘子健主编《刘子健博士颂寿纪念宋史研究论集》，同朋社，1989)。2004 年在清华大学主办的"多元视野中的中国历史"国际会议中，日本学者户田裕司提交的论文《宋代地方官员的"渎职"与背景——以唐仲友"不公不法事件"为例》(未刊稿)则是从吏治、地缘、血缘角度进行考察，认为朱熹的控告可能过于严格。

者进一步厘清。本书选取这则公案，是因为它所包含的较多信息于
社会生活、政治文化都有所反映，有关此案的记载也比较丰富。

　　为便于分析，先就事件过程简略描述。宋孝宗淳熙九年
（1182），朱熹以提举浙东常平茶盐公事出巡台州，发现知州唐仲
友诸多问题，遂上书奏劾。案中的关键人物之一是台州营妓严蕊。
《夷坚志》载：

　　　　台州官奴严蕊，尤有才思，而通书究达今古。唐与正为
　　守，颇属目。朱元晦提举浙东，按部发其事，捕蕊下狱。杖其
　　背，犹以为伍伯行杖轻，复押至会稽，再论决。蕊堕酷刑，而
　　系乐籍如故。岳商卿霖提点刑狱，因疏决至台，蕊陈状乞自
　　便。岳令作词，应声口占云："不是爱风尘，似被前身误。花落
　　花开自有时，总是东君主。去也终须去，住也如何住。若得山
　　花插满头，莫问奴归处。"岳即判从良。[1]

《齐东野语》因《夷坚志》"不能详"其事，遂颇费笔墨地详加
记述：

　　　　其后朱晦菴以使节行部至台，欲摭与正之罪，遂指其尝
　　与蕊为滥。系狱月余，蕊虽备受棰楚，而一语不及唐，然犹不
　　免受杖。移籍绍兴，且复就越置狱，鞫之，久不得其情。狱吏
　　因好言诱之曰："汝何不早认，亦不过杖罪。况已经断，罪不
　　重科，何为受此辛苦邪？"蕊答云："身为贱妓，纵是与太守有
　　滥，科亦不至死罪。然是非真伪，岂可妄言以污士大夫，虽死

1　洪迈：《夷坚志》支志庚卷一一《吴淑姬严蕊》，第 1217 页。

不可诬也。"其辞既坚，于是再痛杖之，仍系于狱。两月之间，一再受杖，委顿几死，然声价愈腾，至彻阜陵之听。

　　未几，朱公改除，而岳霖商卿为宪，因贺朔之际，怜其病瘁，命之作词自陈。蕊略不构思，即口占《卜算子》……即日判令从良。继而宗室近属，纳为小妇以终身焉。[1]

这些文人不惜笔墨，为一个妓女正名，认为严蕊是色、才、艺俱佳，且不屈于强权之人，不愧名列行首。严蕊因此"声价愈腾"，为士人追捧。

撇开严蕊不论，案件的主角唐仲友被劾的罪名究竟是什么？我们来看按劾人朱熹的说法。朱熹先后六次上书奏劾唐仲友，细数其行为乖谬。六次上书中共出现七次"不公不法"的字眼。罗列的罪责主要有"催督税租委是刻急……急于星火，民不聊生"；"贪污不法"；判案"多是曲法枉断"；"私造兵器"；等等。与妓女相交也是主要问题，朱熹《按唐仲友第三状》《按唐仲友第四状》所述最详。其中，第三状具奏 24 条，涉及妓女的有 6 条；第四状具奏 20 条，将前状的有些内容归并，有些加以强调，涉及妓女的共 10 条，内容包括唐仲友"不曾承准本州公文行下妓乐司照会"欲与严蕊落籍；"自到任以来，宠爱弟妓，遂与诸子更相逾滥。行首严蕊稍以色称，仲友与之媟狎，虽在公筵，全无顾忌"；为弟妓制造衣服，使"一州惊骇"；让"弟妓早晚出入宅堂"；接受妓女请托，"严蕊及弟子朱秒入宅打嘱仲友"；[2]等等。朱熹甚至调查出，连著名的《卜算子·不是爱风尘》也是仲友亲戚高宣教在宴会上所撰，这与传说中系严蕊

1　周密：《齐东野语》卷二〇《台妓严蕊》，第 374—376 页。

2　《晦庵先生朱文公文集》卷一八，《朱子全书》第 20 册，刘永翔、朱幼文校点，上海古籍出版社、安徽教育出版社，2002，第 825—868 页。

乞求脱籍时所作有着完全不同的意义。[1]

从逻辑来看，朱熹六状是层层递进的关系，从第三状到第四状，内容更加翔实。状中涉及妓女的条文逐渐增多，这是否意味着更为严厉的指控？朱熹描述唐仲友与严蕊的关系，多次使用"逾滥"一词，这是否暗指宿娼？使用"逾滥"措辞是出于含蓄文雅，还是因为并没有确凿的证据？在描述唐仲友男十八宣教与官妓往来不绝时，朱熹明确指出其"到家（笔者按：指官妓王静住处）宿卧，至四更回州"，[2]"与弟子沈玉情涉"，[3]并由此怀疑仲友与妓有染。那么，宿娼到底构不构成处罚官员的理由？"私造兵器"在历朝都是严重的罪责，朱熹将宿娼与这一罪名并列，到底算不算"小题大做"？诸如此类的问题，正是本书将要考察的。

二 隐蔽的处罚：唐宋其他事例分析

从唐仲友案出发，结合唐宋时期其他相关案例，庶几可以厘清官员宿娼是如何成为"不公不法"事件的。

唐宋时期，官员在入仕以前与妓女来往密切是平常之事。唐代甚至有"曲江会"，即官妓与新科进士的聚会。《北里志》记载："京中饮妓，籍属教坊"，"惟新进士设筵顾吏，故便可行牒。追其所赠之资，则倍于常数。诸妓皆居平康里，举子、新及第进士，三司幕府"都多有参与。[4]陈寅恪先生于此精辟地论述："唐代新兴之进士词

---

1 与严蕊相关的描述在当时就众说纷纭，其作《卜算子》亦为当代宋代文学研究者引用，多称赞之语，实则对史实缺乏相应的辨析。因与本书论题关系有限，故不多涉及。

2 《晦庵先生朱文公文集》卷一八，《朱子全书》第20册，第847页。

3 《晦庵先生朱文公文集》卷一八，《朱子全书》第20册，第848页。

4 孙棨：《北里志》，《唐五代笔记小说大观》下册，第1403页。

科阶级异于山东之礼法旧门者，尤在其放浪不羁之风习。故唐之进士一科与倡伎文学有密切关系，孙棨《北里志》所载即是一证。又如韩偓以忠节著闻，其平生著述中《香奁》一集，淫艳之词亦大抵应进士举时所作。……然则进士之科其中固多浮薄之士。"[1] 宋代太学生与妓女亦多往来，至有"学舍燕集必点妓"[2] 之说。

但是，细观唐宋历史，我们可以发现一些变化，以下略做分析。

杜牧是唐代风流才子，"自侍御史出佐沈传师江西宣州幕"，一路游山玩水，遍寻美色，"及闻湖州名郡，风物妍好，且多奇色，因甘心游之。湖州刺史某乙，牧素所厚者，颇喻其意。及牧至，每为之曲宴周游。凡优姬倡女，力所能致者，悉为出之"。[3] 这种恣意放纵并没有影响他的仕途，他后来仍官至中书舍人。

即便是性格刚毅的刘禹锡，也与妓女暧昧不清。赴任姑苏时，路经扬州，"扬州大司马杜公鸿渐为余开宴，沉醉，归驿亭"，"稍醒，见二女子在旁，惊非我有也"。妓女告诉他："郎中席上与司空诗，特令二乐伎侍寝"，"且醉中之作，都不记忆"。刘禹锡不怪杜毁其清誉，仍"修状启陈谢"。有诗为证："高髻云鬟宫样妆，春风一曲杜韦娘。司空见惯寻常事，断尽苏州刺史肠。"[4]

唐代也有因妓女获罪之人，但情况较为特殊：

　　（宗）楚客，武后从姊子，长六尺八寸，明晳美须髯。及进士第，累迁户部侍郎。……与武懿宗不协，会赐将作材营第，

1　陈寅恪：《唐代政治史述论稿》，三联书店，2001，第 281—282 页。

2　周密：《癸辛杂识》后集《学舍燕集》，第 66 页。

3　李昉等编《太平广记》卷二七三《妇人四》，中华书局，1961，第 2152 页。

4　范摅：《云溪友议》卷中《中山悔》，《景印文渊阁四库全书》第 1035 册，第 597—598 页。

僭侈过度，为懿宗所劾，自文昌左丞贬播州司马，晋卿流峰州。稍为豫州长史，迁少府少监、岐陕二州刺史。久之，复以夏官侍郎同凤阁鸾台平章事。坐聘邵王妓，贬原州都督。[1]

《唐律疏议》中明确记载："诸杂户不得与良人为婚，违者杖一百。……其工、乐、杂户、官户，依令'当色为婚'，若异色相娶者，律无罪名，并当'违令'。"[2]宗楚客既与"武懿宗不协"，其违背良贱不婚原则正好授人以口实，被依律定罪就在所难免了。

同属文杰的宋代柳永，就没有杜牧那么幸运。柳永"居京华，暇日遍游妓馆。所至，妓者爱其有词名，能移宫换羽，一经品题，声价十倍"。[3]但盛名之下，柳永的仕途并不如意，只好声称"且恁偎红翠，风流事，平生畅。青春都一饷。忍把浮名，换了浅斟低唱"。[4]自嘲为"奉旨填词"，仅官至屯田员外郎，位列从六品，且《宋史》不具其传。宋人曾深刻地指出，柳耆卿"初磨勘及格，昭陵以其浮薄罢之，后乃更名永"，甚至留下了"其词格固不高"，尚有可取之处，而"其人则不足道"的评价。[5]因妓女而被人诟病的还有高似孙，因喜欢聪慧过人的"籍妓"洪渠，"遂与脱籍而去，以此得啧言"。[6]

而且，按劾唐仲友的朱熹并不是宋代以宿娼处罚官员的第一人，王安石即曾如此。熙宁三年（1070）知杭州的祖无择被贬官，一个重要原因就是王安石听说"无择与官妓薛希涛通"。尽管"事

1　《新唐书》卷一〇九《宗楚客》，中华书局，1975，第4101—4102页。

2　长孙无忌等：《唐律疏议》卷第一四《户婚》，刘俊文点校，中华书局，1983，第270—271页。

3　罗烨：《醉翁谈录》丙集卷二《三妓挟耆卿作词》，第32页。

4　柳永著，薛瑞生校注《乐章集校注》卷下《鹤冲天》，第239页。

5　陈振孙：《直斋书录解题》卷二一，徐小蛮、顾美华点校，上海古籍出版社，1987，第616页。

6　周密：《癸辛杂识》续集《洪渠》，第119页。

卒无实"，但祖无择被贬，薛希棨则被"榜笞至死"。[1]

宋代的妓女成了官员通妓案中最直接的牺牲者。官员与之有着天壤之别，尽管名誉受损，但仍然保有发肤的完好、生命的尊严。

三　多源约束：从家到国的关注

与妓女同士人交往密切相关的是，古史中从来不缺乏对女色的戒惧，"红颜祸水"不仅仅是危言耸听，现实中也一遍遍重复着这样的政治寓言，西施、玉环等既是佳话更是悲剧。《韩非子》告诫："贵夫人、爱孺子、便僻好色，此人主之所惑也。托于燕处之虞，乘醉饱之时，而求其所欲，此必听之术也。为人臣者内事之以金玉，使惑其主。"[2]《国语》也道："好其色，必授之情。彼得其情，以厚其欲，从其恶心，必败国，且深乱。"[3]

女性身体被最大物化的结果，可能足以"倾城倾国"。唐人自以为深知此理，贾曾在景云年间（710—711）总结："臣闻作乐崇德，以感人神，《韶》《夏》有容，《咸》《英》有节，妇人媟黩，无豫其间。昔鲁用孔子，几至于霸，齐人惧之，馈以女乐，鲁君既受，孔子所以行。戎有由余，兵强国富，秦人反间，遗之女妓，戎王耽悦，由余乃奔。斯则大圣名贤嫉之已久。良以妇人为乐，必务冶容，哇姣动心，蛊惑丧志，上行下效，淫俗将成，败国乱人，实由兹起。"[4]在现实中，杨玉环因背负这种罪名而丧身马嵬。

1　李焘：《续资治通鉴长编》卷二一三，第 5186 页。

2　王慎先：《韩非子集解》卷第二，钟哲点校，中华书局，1998，第 53 页。

3　徐元诰：《国语集解·晋语一第七》，王树民、沈长云点校，中华书局，2002，第 256 页。

4　《旧唐书》卷一九〇中《文苑中》，中华书局，1975，第 5028 页。

唐朝自建立伊始，就善于利用女性身体这把"双刃剑"。武德元年（618），遣"太常卿郑元璹赍女妓遗突厥始毕可汗"，"始毕甚重之，赠名马数百匹，遣骨咄禄特勤随琛贡方物。高祖大悦，拜刑部侍郎，进爵为王"。[1] 唐中后期，节度使日益坐大，唐德宗如法炮制，贞元十年（794）"沧州程怀直来朝，赐安业坊宅，妓一人，复令还镇"。[2]

宋代不同。对外，政权格局的演变使得赍女赠妓不如交纳岁币来得有效；对内，文化价值观由外向转为内敛，由重文转为崇道，[3] 社会普遍的道德标准之上升带来身体规训的强化。由此，对于官员与妓女的关系，从家庭到社会、国家，从家训到官箴、国法，层层叠叠的架构都给予了足够的重视。

（一）家训

家是社会最基本单元，家庭内部稳定秩序的建构，少不了对两性关系的规训，尤其是对婚外性关系的戒惕。

邵雍告诫子孙："人非善不交，物非义不取，亲贤如就芝兰，避恶如畏蛇蝎"，不能"语言诡谲，动止阴险，好利饰非，贪淫乐祸，疾良善如仇隙，犯刑宪如饮食"。[4]

袁采给子孙分析道理：

> 饮食，人之所欲，而不可无也，非理求之，则为饕为馋；
> 男女，人之所欲，而不可无也，非理犯之，则为奸为滥；财

1 《旧唐书》卷六〇《宗室》，第 2347 页。

2 《旧唐书》卷一三《德宗下》，第 379 页。

3 有关唐宋之际文化价值观的变迁，美国学者包弼德做过精辟阐述，参见氏著《斯文：唐宋之际的思想转型》，刘宁译，江苏人民出版社，2001。

4 祝穆：《古今事文类聚》后集卷七《人伦部·戒子孙》，《景印文渊阁四库全书》第 926 册，第 101—102 页。

物，人之所欲，而不可无也，非理得之，则为盗为赃。人惟纵
欲，则争端启而狱讼兴。圣王虑其如此，故制为礼以节人之饮
食、男女，制为义以限人之取与。君子于是三者，虽知可欲而
不敢轻形于言，况敢妄萌于心！[1]

他认为，生育之外的男女之欲，属于奸淫之事，为君子所不齿，何
况会有家破人亡的风险，"子弟有耽于情欲，迷而忘返，至于破家而
不悔者"。[2] 为了防止这种情况的发生，袁采对子孙交游采取顺势疏
导的办法：

世人有虑子弟血气未定，而酒色博弈之事，得以昏乱其
心，寻至于失德破家，则拘之于家，严其出入，绝其交游，致
其无所闻见，朴野蠢鄙，不近人情。殊不知此非良策，禁防一
弛，情窦头开，如火燎原不可扑灭。况拘之于家，无所用心，
却密为不肖之事，与出外何异！不若时其出入，谨其交游，虽
不肖之事习闻既熟，自能识破，必知愧而不为。纵试为之，亦
不至于朴野蠢鄙，全为小人之所摇荡也。[3]

家训对子弟行为进行规训，自然也是子弟之为官者的准则。

（二）官箴

官箴是官场的行为规范、官员的模范标准。为告诫官员不可狎
妓，官箴分析了妓乐的种种弊端。

1　袁采：《袁氏世范》卷二《礼义制欲之大闲》，第14页。
2　袁采：《袁氏世范》卷二《人为情感则忘返》，第15页。
3　袁采：《袁氏世范》卷二《子弟当谨交游》，第15页。

其一，分散精力，不能专注公事。

> 今日自一命以上，孰不知作邑之难，既知其难，要当专心致志，朝夕以思，自邑事外，一毫不可经意，如声色饮燕不急之务，宜一切屏去。盖人之精力有限，溺于声色燕饮则精力必减，意气必昏，肢体必倦，虽欲勤于政而力不逮，故事必废弛，而吏得以乘间为欺。昔刘元明政为天下第一，问其故，则不过曰："日食一升饭，不饮酒，为作县第一策。"[1]

不仅如此，还有碍于公正，所以：

> 燕会之时，非得台旨，妓女不许辄入宅堂，若旬休公暇，欲与寮寀士友会聚，只为文字清饮，彼当不以我为简也。剖决公事，自有公理正法，吾亦何心其间。[2]

其二，倡优资费为民脂民膏，以民之膏脂买笑违背做官之旨，还会影响声名。

> 为县官者，同僚平时相聚，固有效郡例，厚为折俎用妓乐，倡优费率不下二三十缗者。夫郡有公帑，于法当用。县家无合，用钱不过勒吏辈均备耳。夫吏之所出，皆民膏脂，以民之膏脂而奉吾之欢笑，于心宁亡愧？兼彼或匮乏，典衣质襦以脱捶楚，吾虽欢笑于上，而彼乃蹙頞于下，况郡有郡将，如家

1　不著撰人：《州县提纲》卷一《专勤》，《景印文渊阁四库全书》第602册，第622页。
2　胡太初：《昼帘绪论·远嫌篇》第一五，《景印文渊阁四库全书》第602册，第726页。

有严君，子弟不敢狎，县家同僚彼此如兄弟，用妓之数，必至
于衰，终招谤议。故县官于公退休沐之暇，宜以清俸为文字
饮，不妨因而商榷职事，物虽不足，而情有余矣。[1]

还可能有损廉洁，所以官箴告诫为官之人"勿以酒色自困，勿以荒
乐自戕也"。[2]

（三）法律

　　家训和官箴是规范，但不具有强制性，更多的是代表一种理
想，实际生活中人们的行为往往与此有较大距离，要官员们真正做
到谨守官箴，不是一件容易的事，实际生活中就有所谓"弋阳县官
其不狎妓者，想独知县一人"[3] 的情形。

　　具有更强威慑力的是法律。以上官箴所见对于官员参与宴饮的
规范正是对相关法律限制的回应。宋代官员宴会逐渐不许招妓女侍
陪，仁宗庆历元年（1041）应翰林学士苏绅所请，诏"沿边臣僚筵
会，自今并不得以妓女祗应"。[4]"嘉祐以前，惟提点刑狱不得赴妓乐；
熙宁以后，监司率禁，至属官亦同。唯圣节一日许赴州郡大排筵。"[5]
宴会中若有妓乐，官员能否参与，需谨慎斟酌。

　　根据笔者的初步统计，《庆元条法事类》"职制门六"迎送宴会
"敕"部分有条文 16 例，事关妓女者 7 条，涉及的官员有发运、监

1　不著撰人：《州县提纲》卷一《燕会宜简》，《景印文渊阁四库全书》第 602 册，第 625 页。

2　胡太初：《昼帘绪论·尽己篇》第一，《景印文渊阁四库全书》第 602 册，第 707 页。

3　《名公书判清明集》卷一《狎妓》，第 24 页。

4　徐松辑《宋会要辑稿》刑法二之二六，第 6508 页；并参李焘《续资治通鉴长编》卷一三四，
　　第 3195 页。

5　张舜民：《画墁录》，汤勤福整理，朱易安、傅璇琮编《全宋笔记》第二编（一），大象出版
　　社，2006，第 216—217 页。

司、知州、县令、提点、教授等，处罚从"徒两年"到"杖一百"轻重不一，[1] 试举其中一例：

> 诸州主管常平官，预属县镇寨官妓乐及家妓宴会，依监司法。即赴非公使酒食者，杖八十，不以失减。[2]

即便是私宴中的家妓，终于也和官妓一道被纳入了国家的监控视线。

国家为了促成行政体系的有效运作，不得不为官员们备受七情六欲干扰的身体制定规范。

同时，这些规范也在一定程度上是对百姓情感的体恤。例如，在劝农活动中禁妓。农业是民生之本，劝农是国家的重要活动，既是皇帝也是官员的展示平台，但天长日久一些地方上的劝农活动变成了某种娱乐，引发一些官员的质疑："令以劝农，系衔朝廷，以劝农著令非不勤。至今也不然。岁二月望，为文数行，率同僚出近郊，集父老读之，饮食鲜少，甚至折钱。事毕，即自携酒看妓女，宴赏竟夕，实意安在哉？"[3] 国家对这种情况也感到不满，遂敕、令并用，意图杜绝。"敕：诸守令劝农辄用妓乐及宴会宾客者，徒一年。""令：诸守令出郊劝农（每岁用二月十五日）不得因而游玩及多带公吏，辄用妓乐宴会宾客。"[4]

1　谢深甫等纂修《庆元条法事类》卷第九《职制门六·迎送宴会》，杨一凡、田涛主编《中国珍稀法律典籍续编》第 1 册，第 161—162 页。

2　谢深甫等纂修《庆元条法事类》卷第九《职制门六·迎送宴会》，杨一凡、田涛主编《中国珍稀法律典籍续编》第 1 册，第 161 页。

3　胡太初：《昼帘绪论·临民篇》第二，《景印文渊阁四库全书》第 602 册，第 708 页。

4　谢深甫等纂修《庆元条法事类》卷第四九《农桑门》，杨一凡、田涛主编《中国珍稀法律典籍续编》第 1 册，第 680—681 页。

那么，回到前面的问题，"逾滥"是不是对宿娼的指控？在法律上，宿娼到底构不构成罪责？"逾滥"本是暧昧的字眼，有过多过滥之意，如唐上元元年（760）六月诏曰："因时立制，顷议新钱，且是从权，知非经久。如闻官炉之外，私铸颇多，吞并小钱，逾滥成弊。"[1]唐天祐三年（906）正月"敕曰：取士之科，明经极重，每年人数已有旧规，去夏虽举条流，盖虑所司逾滥，今者国子监既有闻奏，河南府亦具陈论，不念远人，何以诱进，只在乎升陟之际，切务公平"。[2]皆取冗滥之意。

《庆元条法事类》的记载，则有另一层含义，指行为不端，并可引申为奸淫。该书卷第五一《道释门二》载："诸僧、道身有文刺及逾滥者，各杖一百，并无故不于寺观止宿，经三十日，并还俗。"[3]到元代，《吏学指南》明确释义："逾滥，谓非理污淫也。"[4]

宋律是对唐律的继承，二者同样有公罪与私罪的分别。《唐律疏议》称："私罪，谓私自犯及对制诈不以实、受请枉法之类"；"公罪，谓缘公事致罪而无私、曲者"。[5]宋人吕本中《官箴》谓："公罪不可无，私罪不可有。"[6]如此看来，如果宿娼成为一项罪名，应属私罪，那就是比较严重的指控了。

仁宗康定元年（1040）九月二十四日，权同判吏部流内铨吴育的上奏对此有所印证：

1　《旧唐书》卷四八《食货上》，第 2100 页。

2　王钦若等编《宋本册府元龟》卷六四一《贡举部》，中华书局，1989，第 2109 页。

3　谢深甫等纂修《庆元条法事类》卷第五一《道释门二·杂犯》，杨一凡、田涛主编《中国珍稀法律典籍续编》第 1 册，第 725 页。

4　徐元瑞：《吏学指南》，杨讷点校，浙江古籍出版社，1988，第 64 页。

5　长孙无忌等：《唐律疏议》卷第二，第 44 页。

6　吕本中：《官箴》，《景印文渊阁四库全书》第 602 册，第 656 页。

"铨司举官条制内有曾犯赃私罪不许奏举，今请应选人曾犯赃私罪除情理重者无复在官。若所犯稍轻，叙用后经两任别无私罪，显有材能者，并许奏举磨勘，比类流外选人换补班行。其选人历任内有逾滥罪名者，更不引见。"诏令内外制臣僚与判铨官同共定夺以闻。遂请："选人曾犯赃罪，只是受汤药酒食果茹之类，身非监临，计赃不满匹；买卖剩利非强市者杖六十以下罪，后来两任不曾有过私罪者，举主十人，许与磨勘。曾犯逾滥，若只因宴饮伎乐祇应，偶有逾滥，须经十年已上，后来不曾更犯罪，并与引见。"从之。[1]

以上可见，至迟在仁宗朝，"逾滥"已构成罪名，宿娼行为一经查实，会影响仕途的发展。所以后人称："宋时阃帅、郡守等官虽得以官妓歌舞佐酒，然不得私侍枕席。"[2]案例比法律条文更能说明实际情况，表1是对《宋史》《宋会要辑稿》所涉相关案例的初步整理，由此可见一斑。

表1 宋代官员宿娼受惩简况

时间	人物	事由	结果	资料来源
太祖建隆四年（963）	王著	"发其醉宿倡家之过"	"黜为比部员外郎"	《宋史》卷二六九《王著传》，第9241页
仁宗庆历初年（1041）	蒋堂	"以为私官妓"	"徙河中府，又徙杭州、苏州"	《宋史》卷二九八《蒋堂传》，第9913页
仁宗庆历四年	王洙	"坐赴进奏院赛神与女妓杂坐"	"为御史劾奏，黜知濠州，徙襄州"	《宋史》卷二九四《王洙传》，第9814页

---

1 徐松辑《宋会要辑稿》职官一一之一二至一三，第2628页。
2 田汝成辑撰《西湖游览志余》卷第二一《委巷丛谈》，第390页。

续表

时间	人物	事由	结果	资料来源
仁宗时	刘涣	"与营妓游"	"黜通判磁州，寻知辽州"	《宋史》卷三二四《刘涣传》，第10493页
神宗元丰年间（1078—1085）*	宋乔年	"坐与倡女私"	"失官，落拓二十年"	《宋史》卷三五六《宋乔年传》，第11208页
高宗绍兴三十年（1160）六月十九日	忠翊郎、前监永康军青城县酒税王杨	"与娼妓逾滥"**	应为："法（守）[寺]称除罪轻，该恩准条于绞刑，合决重杖处死，又称杨尝有战功，故特贷之"实为："特贷命，追毁出身以来告敕文字，除名勒停，送静江府编管"	《宋会要辑稿》刑法六之三四，第6710页
高宗绍兴三十年八月三日	右从政郎、前潭州宁乡县令吕大壮	"与娼妓逾滥"***	应为："法寺称除罪轻，准条于赃罪上断，合决重杖处死，故特贷之"实为："特贷命，追毁出身以来告敕文字，除名勒停，送韶州编管"	《宋会要辑稿》刑法六之三四，第6710页
孝宗淳熙九年（1182）八月十三日	太府少卿王晓	"昨任州郡，褒押营妓，糜耗公帑"****	"差提举成都府玉局观"	《宋会要辑稿》职官七二之七，第3991页
宁宗嘉定五年（1212）九月一日	吏部架阁薛舜俞	"以臣僚言：其不事绳检，为江西干官日，与营妓狎昵"	"放罢"	《宋会要辑稿》职官七三之四六，第4039页

续表

时间	人物	事由	结果	资料来源
宁宗庆元元年（1195）二月二十五日	黄万石	"以谏议大夫张叔椿言：万石前知濠州，率意妄作，狎妓贪污"	"不得与亲民差遣"	《宋会要辑稿》职官七三之六一，第4047页
宁宗嘉定二年七月二十八日	直华文阁、四川茶马赵纲	"以臣僚言：纲亵狎官妓，掊克兵粮"	"放罢"	《宋会要辑稿》职官七四之三三，第4067页
宁宗嘉定五年二月十二日	江州水军统制陈定显	以江西安抚李珏言："辄取娼妓置之军中"*****	"放罢"	《宋会要辑稿》职官七四之四二，第4071页
宁宗嘉定七年十月六日	知夔州乐章	"以监察御史李楠言其向将指湖湘，盖无善状，曲庇周司户狎妓"******	"降一官，放罢"	《宋会要辑稿》职官七五之五至六，第4076—4077页
宁宗嘉定十五年七月七日	添差嘉兴府通判谢直	"以臣僚论列：直宴饮无节，狎昵官妓"	"与祠禄，理作自陈"	《宋会要辑稿》职官七五之三一至三二，4089—4090页

注：* 据《宋史》本传，"乔年用父荫监市易，坐与倡女私及私役吏失官，落拓二十年。女嫁蔡京京攸。京当国，始复起用"。蔡京在徽宗时再起用，为崇宁（1102—1106）初年，据此推测，宋乔年应是元丰年间获罪。

** 并坐 "以杨任内欠本军酒课及酒务历内虚收钱引"。

*** 并坐 "在任日，令押录于县库寘名钱内妄作名色支用"。

**** 并坐 "言者论其庸缪老骏，轻儇谐谑"；"凡所决事，是非倒置"。

***** 并坐 "其减克戍兵钱米以充私用"。

****** 并坐 "侵盗官库钱米"。

据表1可知，宿娼足以构成独立的罪名。有宋一代，因宿娼受处罚的官员案例几乎贯穿始终。表1中还有两个案例值得特别注意：一是嘉定七年（1214）知夔州乐章因包庇司户狎妓而获罪，二是嘉定十五年添差嘉兴府通判谢直因"狎昵官妓"被指控。不难看到，从唐至宋，宿娼（主要是官妓）终于明确成为官员的又一项罪责，而且有时代越后管理越严格的倾向。

身体一直是受规训的对象。官员作为一个特殊群体，其身体行为，包括男女关系必须受到规范。朱熹奏劾唐仲友的一项主要内容就是仲友与官妓"逾滥"。对此案兼及其他案件进行分析，可以发现唐宋间国家逐渐禁止官员宿娼，律令、官箴、家训对此皆有反映。究其原因是唐宋之际国家行政机构更加趋向专业化，这一形势必然要求官僚群体相应专业化，官员行为规范更加符合行政体系运作的需要，禁止宿娼成为国家实施权力的一个借力点；与此同时，唐宋社会价值观从文学到道德的转型也起了重要作用。

自宋之后，禁止官员宿娼成为定例，后世通过更为明晰的法律将其制度化，元朝至元二十一年（1284）诏令："不畏公法官吏人等，每因差使去处，公明轮差娼妓寝宿。今后监察御史、按察司严行纠察，如有违犯之人，取问明白，申台呈省。其应付娼妓官吏，与宿娼之人一体坐罪，仍送刑部标籍过名。"[1] 明代规定，官吏"宿娼者杖六十，媒合人减一等"，甚至连官员子孙宿娼也"罪亦如之，附过，候荫袭之日降一等，于边远叙用"。[2] 清律继承明律，"官吏宿娼者杖六十"，并在明律的基础上增加了"挟妓饮酒亦坐此律"的规定。[3]

正如学者所指出的，"身体的外部问题是表征问题，而内部问题则是约束问题，也即是说，是根据社会组织和社会稳定性对身

1　完颜纳丹等纂修《通制条格》卷第二八《杂令》"差使人宿娼"条，杨一凡、田涛主编《中国珍稀法律典籍续编》第 2 册，黄时鉴点校，黑龙江人民出版社，2004，第 648 页。

2　刘惟谦等纂修《大明律》卷二五《刑律八·犯奸》"官吏宿娼"条，怀效锋点校，法律出版社，1999，第 200 页。

3　《大清律例》卷三三《刑律·犯奸》，田涛、郑秦点校，法律出版社，1998，第 528 页。

体的欲望、激情和需要进行控制"。[1] 宋代对官员宿娼的限制正是根据社会组织和社会稳定性而进行的对身体之规训，其中最直接的社会组织与稳定性需求就是因门阀世族消逝、科举制度发达带来的官僚队伍专业化、行政部门效能化。根据研究，至理宗宝祐四年（1256），《登科录》"所载曾祖、祖、父三代仕履都完整的 570名进士中，若依其出身统计，三代皆不仕者达 307 人，占总数的53.9%，父亲一代有官者（包括宗室）129 人，只占总数的 22.6%"；"即使在这 129 人中，绝大部分亦是选人和小使臣一类的初品官，其中从九品的迪功郎和承信郎又占了半数以上"。[2] 宋代的官僚集团离中古的贵族越来越远，日益成为行政体系中确实的运行者。司马光曾说："天子之令必行于诸侯，诸侯之令必行于卿大夫士，卿大夫士之令必行于庶人，使天下之势，如身之使臂，臂之运指，莫不率从。"[3] 而此时国家力量的强势，使得国家不仅有权力而且有能力要求它的政府部门、人员机构谨守它所制定的规则，确保官员群体的忠贞。国家这一强有力的"躯体"需要自己的"手指"更加灵活、听从指挥，而不是造成更多纷扰，官员也因此被要求更加政治化、专业化和模范化。

　　如果说宋代政府与官员之间存在着某种张力，或者说存在着一根无形的、时紧时松的绳索，那么通过禁止官员宿娼规定的出台，可以发现这根绳索明显地紧了紧。

　　幸运的是，宋代的官僚群体也大体能珍惜自己的声名。于是，

1　〔英〕布莱恩·特纳：《身体问题：社会理论的新近发展》，汪民安译，汪民安、陈永国编《后身体：文化、权力与生命政治学》，吉林人民出版社，2003，第 31 页。

2　何忠礼：《科举制度与宋代文化》，《科举与宋代社会》，商务印书馆，2006，第 71 页。

3　司马光：《上仁宗论谨习》，赵汝愚编《宋朝诸臣奏议》卷二四，北京大学中国中古史研究中心校点整理，上海古籍出版社，1999，第 235 页。

宿娼不再是正大光明的风流韵事。《夷坚志》记载的一些鬼怪故事不仅是劝谕士人，更像是在告诫官员警惕色诱，赵不他的故事即一例。赵不他为汀州员外税官，与官妓往来，时时取入共宿，一日赵氏被鬼蛊惑，在梦中"心念身为见任，难以至妓馆，力拒之"，终得以避祸。[1]赵不他的梦中挣扎，可以理解为官员有意识地警觉，它是官员维护自己身家性命的戒惕，也是其维护职业生涯的努力。其结果是，尽管身体再一次成为约束的承受者，带来的却是官员身体的自律与官府机构的效能之间建立起了直接的联系。

　　至于本书所论朱熹按劾唐仲友及相关事件中的官妓，她们物化的身体始终是权力的祭品，她们没有权力选择是否与官员苟合，却成为东窗事发后被拷问甚至杀戮的对象。处在权力法网笼罩之最底层的妓女，特别是官妓，在错综的关系中处于何种位置，又是如何以卑微之身承受、消解、表现各种权力的，为什么是她们处于种种权力关系中呢？

第三节　对官妓的行政管理

一　县级机构的管理

　　笔者尚未见到材料论及县一级是否有"乐营"。但是，县一级确有官妓。真德秀劝谕州县官僚文中记诸县状况载："圣节锡宴在近，窃虑诸县循习成风，或于行铺科买物件，不依时价支钱，或于寺院科配钱物，并措借器皿幕帟之属，因而干没，或妄追乡村农民

---

[1]　洪迈：《夷坚志》乙志卷第一八《赵不他》，第337页。

充乐社祇应，或勒令良民妇女拘入妓籍，如违，许人陈诉。"[1]因圣节时，常以妓女歌舞锡宴助兴，此时应是恐妓女人数不足，而将良民强拘。陈筑"崇宁初登第，为福州古田尉，惑邑倡周氏"。[2]某官庆历年间"签书滑州节度判官行县，至韦城，饮于县令家，复以邑倡自随。逮晓，畏人知，以金钗赠倡，期缄口，亦终不能秘也"。[3]所指邑倡都是县邑中的官妓。其中真德秀榜文中提及的"乐社"状况不详，不知是否类似于乐营与营妓之关系，尚待再考。

宋代县一级行政官员主要有县令、县丞、县（主）簿、县尉，管理税收、治安等事务。其中，官妓的管理可从《醉翁谈录》收有一条"判妓告假赛愿"的判词中发现一些线索：

> 有一妓弟名女秀，欲往婺源祖庙赛愿，时尉不肯（放）行，女秀乃具状经县陈乞，蒙知县送尉厅放行。作《西江月》以云。奉判云："早晚以成行色，主人莫与留延，正当春月艳阳天，去赛从前心愿。 执状去呈仙尉，殷勤好与周旋，不辞客路往来难，暂辍舞裙欢扇。"[4]

妓弟女秀从请假等情节来看应是官妓，要去婺源祖庙中还愿，告请县尉，县尉不肯放行。女秀递状于知县，后经知县同意，将消息传达到"尉厅"，即县尉的工作场所，县尉得知后，此官妓才得以成行。从此条资料可知，第一，县一级存在官妓，如果以宋代一路有数十县估计，县一级的地方官妓数量已经不在少数。第二，官

---

1 《名公书判清明集》卷之一《劝谕事件于后》，第14页。

2 洪迈：《夷坚志》甲志卷第六《古田倡》，第51页。

3 陈应鸾校注《临汉隐居诗话校注》卷三，巴蜀书社，2001，第152页。

4 罗烨：《醉翁谈录》庚集卷二《花判公案》，第82页。

妓前往他地时，需要向县尉请假。据此推测，如果县尉准假，妓女
即可成行。县尉在宋初设立，其职位低于知县、县丞、主簿，主要
负责县内治安事宜。第三，如果官妓不想依从县尉安排，可向县令
具状请呈，看是否有改变县尉命令的可能性。县令同意妓女的请求
后，则告知尉厅，官妓方可成行。县令统管税收、人口等事务，事
涉繁杂，对妓女户籍的管理或可列为其中一项管理内容。由此可
见，对于部分官妓而言人身控制还是颇为严格，告假并非易事，且
在办理过程中还有其他难处。

可以概略得知县一级官妓管理之行政关系，如图5所示。

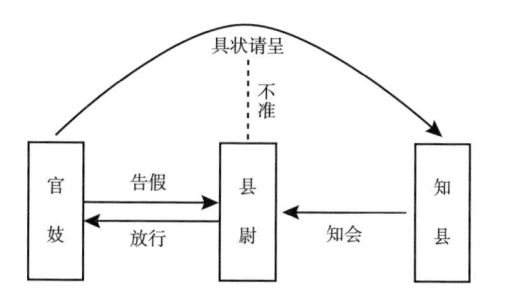

图5　县级官妓管理的行政关系

如图5所示，官妓告假时有两种情况：第一，县尉同意，官妓
便可成行；第二，县尉不同意，官妓可具状向知县请求告假，如果
知县批准了官妓的请求，则由知县知会县尉，县尉据命令才将妓女
放行。

二　州级机构的管理

宋代州府级地方官妓属乐营，由乐营将辅助管理。这是自唐开

始就有的制度，"开元二年，玄宗以太常礼乐之司不应典优倡杂乐，乃更置左右教坊以教俗乐。命左右骁卫将军范及为之使，又选乐工数百人，自教法曲于梨园谓之皇帝梨园弟子。至今谓优女为弟子，命伶魁为乐营将者，此其始也"。[1] 但在行政管理方面，州府官妓情况同样不甚明了，故自朱熹唐仲友公案中，一窥一二。前揭朱熹唐仲友之公案朱熹奏劾之第三状中记载：

> 据监库官司理王之纯及造买使臣姚舜卿供，每遇知州判下支单，即时关支出库。所有应干簿籍，于今日巳时，知州闻得本司勾追马澄，即时尽行拘收入宅，有公库贴司俞实、张公辅、吴允中备见。之纯等曾亲往控告，知州坚执不肯付出。仲友又悦营妓严蕊，欲携以归，遂令伪称年老，与之落籍，多以钱物偿其母及兄弟。据司理王之纯供，今年五月满散圣节，方知弟子严蕊、王蕙、张韵、王懿四名，知州判状放令前去，即不曾承准本州公文行下妓乐司照会。[2]

朱熹所奏此事，主要是控诉唐仲友欲私自为严蕊落籍。据朱熹奏劾唐仲友的事件相关度来看，每奏一事为显其确凿，尽量以与事件有直接关系的官吏、人员供词为准，如公库支钱之事据"库子叶志等供"，钱数则详细到"二万八千六百一十六贯六百八十二文"。[3] 极为可惜的是，史籍对提供严蕊事件供词的王之纯语焉不详，其为监库官司理，具体是什么官职，职掌是什么，为什么会成为严蕊事件中的证明人呢？逐个问题来看，监库官司理即司理。宋初端拱元

1　程大昌：《演繁露》卷六，《景印文渊阁四库全书》第 852 册，第 118 页。

2　《晦庵先生朱文公文集》卷一八，《朱子全书》第 20 册，第 830—831 页。

3　《晦庵先生朱文公文集》卷一九，《朱子全书》第 20 册，第 845 页。

年（988）诏"诸道州、府，不得以司理参军兼莅他职"，[1] 仁宗以后"诸州幕职官，录事参军，司理、司户、司法参军，听兼管诸库。唯刑狱官不得受纳租税，籴买粮草"，[2] 到南宋时，司理可兼管诸库，与支库事件相联系可知王之纯确为司理。

司理一职主要是职掌讼狱勘鞫。从职掌来看有两种可能：一是王之纯参与朱熹对唐仲友的勘察奏劾，二是王之纯为与严蕊落籍事件有直接联系的人员。对于第一种可能，于理来说不太成立，首先，州一级政区地方通判行使监州之职，"按察所部官，须具实状以闻"，[3] 朱熹以两浙东路常平仓茶盐公事监察台州官员之操守，通判是朱熹的主要合作对象，实际上，"时高炳如为台州倅"，"晦翁为浙东提举，按行至台，炳如前途迓而诉之"。[4] "倅"即指通判一职。高炳如对于朱熹的到来是道路以迎，申诉台州任官之状况。其次，司理官品级中上州司理参军为从八品，中、下州司理参军为从九品，其品位之低实难与朱熹有所交集。

那以此看来，司理王之纯应与严蕊落籍之事有直接关联。又"倡妇，州郡隶狱官以伴女囚。近世择姿容，习歌舞，迎送使客，侍宴好，谓之弟子，其魁谓之行首"。[5] 司理又称"狱官"，对应职掌

1　李焘：《续资治通鉴长编》卷二九，端拱元年庚辰，第647页。

2　谢深甫等纂修《庆元条法事类》卷第四《职制门一·职掌》，杨一凡、田涛主编《中国珍稀法律典籍续编》第1册，第28页。

3　李焘：《续资治通鉴长编》卷一二〇，景祐四年十二月壬申，第2840页。

4　吴氏：《林下偶谈》，排印本，王云五主编《丛书集成初编》，第30—31页。

5　此条资料极为重要，在宋代妓女研究中，学者多有引用。主要集中在后一句，对于"弟子"和"行首"的解释，但是对前半句"倡妇，州郡隶狱官以伴女囚"解释不足，如王书奴即以此来分析妓女属于军队或州郡，但并未进行解释。参详此条是否可信确有必要。据四库馆臣载，朱彧父亲朱服"元丰中以直龙图阁历知莱、润诸州，绍圣中尝奉命使辽，后又为广州帅"，朱彧所载多为其父之见闻，虽在政治上对其父有所回护，但其父及自身丰富的任官经历使朱彧可对国家典章制度有所了解，故馆臣亦言其"所记土俗民风，朝章国典，皆颇足以资考证"（纪昀等：《钦定四库全书总目》，四库全书研究所整理，中华书局，1997，第1197页）。朱彧：《萍洲可谈》卷三，李伟国点校，中华书局，2007，第169页。

及别称，以及与上文所说县级政区中县尉之权力来看，州一级政区应是司理参与官妓的管理。

还有一个例子，可以与此对照：

> 均州奏为本州编管前漳州军事判官练亨甫，逐次与兄练劼、弟练冲甫往女弟子鲁丽华家逾滥，后收养在宝林院郭和尚房下，令求食。因探见鲁丽华与百姓王尤在店饮酒，唤归寺殴打鲁丽华，致乐营将申举，已送司理院照对去讫奏闻。[1]

鲁丽华因事被官员子弟殴打后，可向乐营将反映，这也说明乐营将的督管作用，由乐营将请司理院处理该事。

究其行政程序，司理称"知州判状放令前去"，知州确有此权力，苏轼通判钱塘，尝权领郡事，在新太守到达以前，营妓陈状，"以年老乞出籍从良"，苏随即判夺："五日京兆，判状不难。九尾野狐，从良任便。"[2] 事情的关键在于，除"逾滥"外，唐仲友将严蕊"遣归婺州永康县亲戚家"，"即不曾承准本州公文行下妓乐司照会"。[3]

宋代公文传递制度极为发达，公文是下级行事之依据，上级监司备查时也多以此核之。州县各部门中多有专人掌公文，公文的州、县流转在行政程序上有相似性。公文运行中，如"诸文书不下司者，长官掌之。以年月事类相次录目注籍"。[4] 如需行下司

1　王明清：《熙丰日历》，中国野史集成·续编编委会、四川大学图书馆编《先秦一清末民初　中国野史集成续编》第 3 册，巴蜀书社，2000，第 568 页。

2　王辟之：《渑水燕谈录》卷一〇，吕友仁点校，中华书局，1981，第 126 页。

3　《晦庵先生朱文公文集》卷一九，《朱子全书》第 20 册，第 845—846、831 页。

4　谢深甫等纂修《庆元条法事类》卷第四《职制门一·职掌》，杨一凡、田涛主编《中国珍稀法律典籍续编》第 1 册，第 29 页。

者，应是"抄札一本"付诸实施。[1] 各司收到公文后"因依文状入案"方得参照行事。[2] 各司若要行为何事，必先乞公文照会[3] 方可。又文书是专事递于专司，此处由司理即狱官管理官妓之事，应是确凿了。

因为是知州决定官妓之去留，司理的权力应该仅限官妓入籍、脱籍文书，相关诉讼的管理。周必大有诗《次韵乐顺之司理新释花权　戊子正月》为证：

> 一自乐卿司乐籍，天桃秾李斗夸张。
> 阴成却落他人手，始悟分厢作法凉。[4]

诗中祝贺朋友新任司理管理乐籍，其所述即指司理管理但不能定夺官妓之去留、归属，故周必大替朋友透出一丝遗憾之情——官妓技艺成熟后与司理没有更多交集。

如此一来，继续分析唐仲友、严蕊事件，便可知其中蹊跷。"知州判状放令前去"，但是，王之纯作为直属长官，并没有获知"本州公文"，那也就更无法将文书"行下"使"妓乐司照会"执行了，因此严蕊等人的离去并不合常理，亦不合法。

1　董煟：《救荒活民书》卷三，王云五主编《丛书集成初编》，第 68 页。

2　杨国宜校注《包拯集校注》卷四《请开封府司录左右军巡官属不得请谒并追赃事》，黄山书社，1999，第 251 页。

3　宋代"照会"并未形成一种成熟的公文体系。但是，其关照、知会、文书以资凭证的意义已渐明显。唐云梅、苏珂即以南宋晚期《褒先寺安公札付碑》中"照会"相关等内容说明宋代公文的实用性（唐云梅、苏珂：《南宋〈褒先寺安公札付碑〉浅析》，《四川文物》2010 年第 2 期）。

4　周必大：《庐陵周益国文忠公集》卷四《次韵乐顺之司理新释花权　戊子正月》，《宋集珍本丛刊》第 51 册，影印傅增湘校清欧阳棨刻本，第 168 页。

换句话说，唐仲友如要为严蕊脱籍，合法的途径就是知州将脱籍之事于司理处形成文书，司理留案后，再告知妓乐司，由妓乐司执行此令，放归。

由此，概略可以得知州一级官妓管理之行政关系，如图6所示。

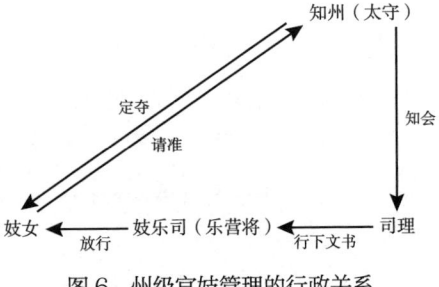

图6　州级官妓管理的行政关系

州一级中官妓的脱籍管理，是先由妓女向知州请求脱籍，知州同意后，知会司理，司理留、行文书，妓女方可放行脱籍。

三　县、州之间的管理

在县、州管理的基础上，妓女的迁移需要两县或两州共同协调时，则以上级机构为协调。《判暨师奴从良状》记：

> 东（疑为建）阳有妓暨师奴者，移往崇安充弟子，已经漕司落籍讫，后再归建阳，陈乞落籍，蒙县宰花判云：
>
> 遁形老狐，为景迹之道地；有司明法，驱妖魅于市廛，正合世间心，保汝首丘念。览此来状，自陈本命元辰，罪无重科，合照日前公案。好去改头换面，不许旧店新开。判示老

狐，切宜谛听。[1]

东阳与后文对照，疑应为建阳。自判词中"首丘"、[2]"元辰"来看，妓女师奴应是自呈命运坎坷，且年龄大思归故乡，请求自建阳移往崇安。建阳（治今福建建阳区）、崇安（治今福建武夷山市）为建宁府中二县。所以，程序上是经漕司批准落籍。转运使"于一路之事无所不总"，[3]以此推导，是由漕司为协调。

也有两州沟通的情况，《富沙守收妓附籍》：

> 富沙太守丁侍郎，有延平妓弟，因讼审到富沙，本州移文乞押回，侍郎花判云：
>
> 本欲纵之，闻有纷纭之论；请姑舍是，庶无彼此之嫌。况乘雁双兔，不计江湖之多少；且并邻同国，奚分秦瘠之越肥？楚人既已亡弓，塞翁宁顾失马？徒劳专介，幸免移文。押下妓乐司附籍，仍牒关报。[4]

延平妓女因诉讼逃往富沙（治今福建建瓯市），富沙太守欲擒故纵，以地方相邻为借口，并没有将此妓女送回，而是收押入本地妓乐司。故此可知，妓女落籍或是平日活动的限制，具体州、县处置应是不同。

1　罗烨：《醉翁谈录》庚集卷二《花判公案》，第76页。
2　《礼记·檀弓上》记古之人有言曰："狐死正丘首"仁也。郑玄注："正丘首，正首丘也。"孔颖达疏："所以正首而向丘者，丘是狐窟穴根本之处，虽狼狈而死意犹向此丘。"故后人多以首丘比故乡。
3　马端临：《文献通考》卷六一《职官考十五》，第557页。
4　罗烨：《醉翁谈录》庚集卷二《花判公案》，第78页。

第四节　机遇与牵掣：官妓的生活处境

一　官妓改变生活境况的可能性

官妓处于层层管理中，想要摆脱或者改变自身状况，还需要利用自身特长，在这个过程中，她们具有有限的能动性，通过表现自己的才华或者呈递诉状来尝试改变自己的境况。

官妓由于常应府衙宴饮，与官僚士夫见面，她们可以利用这种机会向文士请词，达到扬名和提升自己身价的效果。士人为妓女所作此类诗词甚多，如前文提及的张先为龙靓作词。马盼则是能模仿苏轼字体，苏轼"甚喜之"，然后世人广知马盼之名。[1]

一些妓女也会主动去结识士夫。如叶适：

> 初登第，调润州丹徒尉，郡守器重之，俾检察征税之出入。务亭在西津上，叶尝以休日往，与监官并栏干立，望江中有彩舫，傃亭而南，满载皆妇女，嬉笑自若。谓为贵富家人，方趋避之，舫已泊岸。十许辈祛服而登，径诣亭上，问小史曰："叶学士安在？幸为入白。"叶不得已出见之。皆再拜致词曰："学士隽声满江表，妾辈乃真州妓也，常愿一侍尊俎，惬平生心，而身隶乐籍，仪真过客如云，无时不开宴，望顷刻之适不可得。今日太守私忌，郡官皆不会集，故相约绝江此来，殆天与其幸也。"……则又起言："……愿得公妙语持归，夸示淮人，

1　张邦基：《墨庄漫录》卷三《营妓马盼学东坡书》，孔凡礼点校，中华书局，2002，第92页。

为无穷光荣，志愿足矣。"[1]

这些官妓便是为了得到叶适之词以夸示乡里，远渡而来，如愿以偿持其词归。还有一些妓女则利用自身的才识，使他人不敢轻慢。如一官妓侑觞时被指责曰："大府乐籍，却山野如此。"倡徐徐答曰："环滁皆山也。""此客愕然，终席不复敢出一话。"[2]

妓女洪渠慧黠过人，凭才艺得以脱离妓籍：一日，其歌真珠帘词，至"病酒情怀犹困懒"，演绎之声极为逼真，高疎寮极称赏之。"适有客云：'卿自用卿法。'高因视洪云：'吾亦爱吾渠。'遂与脱籍而去。"[3]《撝青杂说》所载杨玉是具有传奇经历的妓女，在襁褓中已议婚，但是，全家遇害后，被贼所虏转卖到娼家，应官府差遣。遇到少时议婚的对象单飞英，表明自己从良的决心后，单飞英帮助她脱籍从良完婚。春娘是同杨玉一起生活的妓女，与杨玉感情甚笃，见杨玉脱籍后，不愿自己还身处妓楼中，向杨玉和单飞英提出请求，后来在二人帮助之下得以脱籍。[4]

另外，妓女也可以通过诉状请陈的方式，改变自身的境况。如苏轼通判钱塘，尝权领郡事，新太守将至，营妓陈状，"以年老乞出籍从良"，苏随即判夺："五日京兆，判状不难；九尾野狐，从良任便。"[5]

妓女在生活中并不是沦落到凄惨、毫无生活意义的境地，她们可以利用自己的才华、能力摆脱一些困境。然而，大多数时候她们会遇到诸多阻力，使才能无所施展，更谈不上改变生活处境。

1　洪迈：《夷坚志》丁卷第一二《西津亭词》，第638—639页。

2　洪迈：《夷坚志》支乙卷六《真杨慧倡》，第841页。

3　周密：《癸辛杂识》后集，中华书局，1988，第119页。

4　王明清：《撝青杂说》，排印龙威秘书本，王云五主编《丛书集成初编》，第7—10页。

5　王辟之：《渑水燕谈录》卷一〇，第126页。

二　来自官府的阻力

与妓女有关案例，多归为"花判"一类。花判到宋代时，来源于"自朝廷至县邑，莫不皆然，非读书善文不可也。宰臣每启拟一事，亦必偶数十语，今郑畋敕语、堂判犹存。世俗喜道琐细遗事，参以滑稽，目为花判，其实乃如此，非若今人握笔据案，只署一字亦可。国初尚有唐余波，久而革去之。但体貌丰伟，用以取人，未为至论"。[1] 从一个方面说明，涉及妓女的事情多被看作细碎、滑稽，不会被郑重对待。

如有"妓杨赛赛讼人负约欠钱，投状于张（魁），时值春雨，赛赛立于厅下"，张魁当时为潭州长官，见赛赛立于雨中的场景后，尚未召唤问询，就已花判《踏莎行》，云：

> 凤髻堆鸦，香酥莹腻，雨中花占街前地。弓鞋湿透立多时，无人为问深深意。　　眉上新愁，手中文字，如何不猜鳞鸿去？想伊只诉薄情人，官中不管闲公事。

并没有问妓女杨赛赛上诉事由，直接将此案归于赛赛是控诉"薄情人"，这等私事不需要官府处理，因"官中不管闲公事"。[2]

苏轼通判钱塘，判与其他官妓落籍，"有周生者，色艺为一州之最，闻之，亦陈状乞嫁"，苏轼出于私情，极为不舍，故判云："慕周南之化，此意虽可嘉；空冀北之群，所请宜不允。"[3] 周生受青睐而

1　洪迈：《容斋随笔》卷第一〇《唐书判》，孔凡礼点校，中华书局，2005，第 129 页。
2　罗烨：《醉翁谈录》庚集卷二《花判公案》，第 75—76 页。
3　王辟之：《渑水燕谈录》卷一〇，第 126 页。

难脱妓籍，陈状无果。

　　虽然妓女可以陈状申诉，但是在案件处理中，并不能得到正视。《黄氏日抄》记载诉讼条件及次第时，有一条规定："非单独无子孙孤孀，辄以妇女出名不受。应受者隔夜抛箱，当日五更听状，并先立厅前，西边点名听状了，则过东边之下。"[1] 妓女可能就受到此种规定制约。另有一条规定，审案时安排各类诉讼人的顺序，点唤顺序士农工商之后，才排为军人、"伎术、师巫、游手、末作、牙侩、舡稍、妓乐、岐路、干人、僮仆"，妓女几乎被排到最后。[2] 可见在生活中她们寻求帮助并非易事，根本无法改变社会道德对于妓女的轻视与歧视，也无法改变这种歧视下的身份。同时，无论她们的生活状况如何，都还是要面对官府的差排。

1　黄震：《慈溪黄氏日抄分类》卷七八《公移》，中华再造善本影印元后至元三年刻本，北京图书馆出版社，2005。
2　黄震：《慈溪黄氏日抄分类》卷七八《公移》。

　　仪式能够在最深的层次揭示价值之所在……人们在仪式中所表达出来的，是他们最为之感动的东西，而正因为表达是囿于传统和形式的，所以仪式所揭示的实际上是一个群体的价值。我发现了理解人类社会基本构成的关键所在：对仪式的研究。

　　——〔英〕维克多·特纳：《仪式过程：结构与反结构》，黄剑波、柳博赟译，中国人民大学出版社，2006，第 6 页

第四章　消费与仪式：官妓的差排、祗应与国家权力

第一节　官妓的差排、祗应

一　官妓的差排

　　庞德新先生以为宋代市肆工匠要应付官府差使，及营妓之活动推论营妓也应该"籍其姓名，鳞差以俟命，谓之当行"，[1]应官府差使。庞先生还用金盈之《新编醉翁谈录》卷七中所记"（三曲）所居之妓，系名官籍者，凡官设法卖酒者，以次分番

1　岳珂：《愧郯录》卷一三《京师木工》，鲍廷博辑《知不足斋丛书》第6集，第7页。

供应，如遇并番，一月止一二日也"来进行论述。[1]《新编醉翁谈录》
的出版说明指出，金盈之《新编醉翁谈录》全书凡八卷，清朝阮
元在搜辑时全书只有五卷，缺后三卷。"也可能是因为后三卷中之
《平康巷陌记》是后人将《北里志》篡改而成的。"[2]但排印本还是收
入后三卷成全璧。庞先生所举例即文集后三卷的内容。笔者以《北
里志》与之对照后发现，庞先生所举"凡官设法卖酒者，以次分番
供应"一句为《北里志》不存。《醉翁谈录》也记同样史料，撰者
为罗烨，生平不可考。[3]罗氏著《醉翁谈录》记风月之事，丁集卷
一《花衢记录》中有四条内容与《北里志》相似，仍存此句，不知
是错漏，还是后人篡改抄袭。此句话中"并番"与《梦粱录》中记
"元夕诸妓皆并番互移他库"对照，"设法卖酒"也是宋代之事，但
终因此句与《北里志》之篡改相连，故不为确证。[4]

　　所幸还有其他一些事例可以说明妓女应官府差使的情况。以话
本《月明和尚度翠柳》为例，所记宋时"当日府堂公宴。承应歌妓
年方二八，花容娇媚，唱韵悠扬。府尹听罢，大喜"，问妓者何名，
答言："贱人姓吴，小字红莲，专一在上厅祗应"。后来，"柳府尹赏
红莲钱五百贯，免他一年官唱"，[5]确是官府安排官妓祗应的例子，综
合上文所述，可知府尹有权力免去官妓相应的差使。

　　黄庭坚《满庭芳》词：

1　庞德新：《从话本及拟话本所见之宋代两京市民生活》，第163页。

2　金盈之：《新编醉翁谈录》，"出版说明"，第1页。

3　罗氏之书现流传版本中因含有元代个别人名，被疑是宋人书之元刻本。本书所引《醉翁谈录》
　　史料，根据地方行政制度判别，应是宋代之事。

4　金盈之：《新编醉翁谈录》；罗烨：《醉翁谈录》；孙棨：《北里志》，《唐五代笔记小说大观》下
　　册；吴自牧：《梦粱录》。

5　冯梦龙编著《古今小说》卷二九，上海古籍出版社，1987，第1129、1140页。

> 初绾云鬟，才胜罗绮，便嫌柳陌花街。占春才子，容易托行媒。其奈风情债负，烟花部、不免差排。刘郎恨，桃花片片，流水染尘埃。　风流贤太守，能笼翠羽，宜醉金钗。且留取垂杨，掩映厅阶。直待朱轓去后，从伊便、窄袜弓鞋。知恩否，朝云暮雨，还向梦中来。[1]

是描述妓女的生活状态。妓女稍长成人，便知身处妓院，需要向"烟花部"尽义务，"不免差排"，"刘郎恨"代指痴情人也不能阻止妓女因烟花部的安排而被他人染指。太守因权力在握，便常常是染指之人。只有太守离去后，妓女方可从便。以此来看，官妓需要应对官府的差使。[2] 有时活动颇为频繁，如温琬"被籍其名府中，自府主而下呼叫频数，日不得在家"。[3] 叶适所见妓女也说："过客如云，无时不开宴，望顷刻之适不可得。"[4] 祇应时还需及时赶到，否则会被长官责怪。《西湖游览志余》记载苏轼在杭州任职时，与府僚会集于湖上：

> 群妓毕集，惟秀兰不来。营将督之再三，乃来。子瞻问其故，答曰："沐浴倦卧，忽有扣门声急，起询之，乃营将催督也。整妆趋命，不觉稍迟。"时府僚多属意于兰者，见其不来，恚恨不已，云："必有私事。"秀兰含泪力辩。而子瞻亦从旁冷

1　黄庭坚：《山谷词》，马兴荣、祝振玉校注，上海古籍出版社，2001，第 27 页。
2　清人俞樾《茶香室丛钞》书中记元人徐大焯《烬余录》所载，"(宋代时）每年选官伎十人，并给身价十千，五年期满……轮值之岁，各人值一月"。多为他人引用。盖据庞德新等先生考，《烬余录》为伪书可能性较大，故不可证。俞樾：《茶香室丛钞》四钞卷九《宋时官妓》，《笔记小说大观》第 34 册，第 451 页。
3　刘斧撰辑《青琐高议》后集卷之七《温琬》，第 170 页。
4　洪迈：《夷坚志》丁卷第一二《西津亭词》，第 638—639 页。

> 语，阴为之解。府僚终不释然也。适榴花盛开，秀兰以一枝藉
> 手献座中。府僚愈怒，责其不恭。秀兰进退无据，但低首垂泪
> 而已。子瞻乃作一曲，名《贺新凉（郎）》，令秀兰歌以侑觞。
> 声容妙绝。府僚大悦，剧饮而罢。[1]

点唤了众多妓女到场助兴，营妓秀兰在乐营将的屡次催促之下才
到场。府僚因为怀疑秀兰与他人有私，借口秀兰迟到而对其责备
不已。

　　显然府僚并不对妓女平日的生活了如指掌，所以才会怀疑秀兰
的行为。可见，有些官妓的生活不全在官员掌握之中。不在官府点
集时妓女可与其他人往来吗？话本《月明和尚度翠柳》中红莲所说
为"专一"在上厅祗应，又是何种意思呢？

　　唐代时，营妓就有在外居住，官府宴饮时再应召到场状况。
"池州杜少府憷、亳州韦中丞仕符，二君皆以长年精求释道。乐营
子女，厚给衣粮，任其外住，若有宴饮，方一召来；柳际花间，任
为娱乐。"[2]《北里志》中所载官妓居北里亦可招呼他人。

　　宋代营妓也有自己的住所，朱熹、唐仲友案中涉及的妓女王
静、沈玉、张婵、朱秒、沈芳、许韵都有个人住处，[3]如"张将仕、韩
天与往弟子许韵家饮酒"，[4]还与他人发生争执。

　　妓女冯妍的故事较完整地呈现了官妓入籍、脱籍、居住在外的
境况：

1　田汝成辑撰《西湖游览志余》卷一六《香奁艳语》，第303页。
2　范摅：《云溪友议》卷下《杂嘲戏》，《景印文渊阁四库全书》第1035册，第616页。
3　《晦庵先生朱文公文集》卷一九，《朱子全书》第20册，第838、854页。
4　《晦庵先生朱文公文集》卷一九，《朱子全书》第20册，第854页。

　　袁州娼女冯妍，年十四，姿貌出于辈流，且善于歌舞。本谢氏女也。其母诣郡陈状云："卖此女时才五岁，立券以七年为限。今逾约二年矣，乞取归养老，庶免使以良家子终身风尘中。"郡守张定呼问妍曰："汝离家时尚小，能认母乎？"曰："能认。"于是引谢媪至前示之，摇首曰："非也。"张判所诉云："既非真母，难以强取。免勘虚妄，逐。"谢便衔恨泣涕而出。妍还冯居，才入门，忽迷不识路。娼母询其所以，曰："眼前冥冥漠漠，如人把手遮我。更不能晓解。"暨至房，便觉内障。告于郡，以疾求假。张不之信。因会客，命如常日呈伎，蒙然如碍。与之酒，亦不知盏所在。犹以为诈，曰："汝且归，只从当中去。"妍迁枉信足，遂堕砌下。始验其被疾，听除籍。遂竟失明。孙鼎臣为判官日常见之，眸子宛然而其盲自若也。[1]

冯妍自幼被母卖入官府，成为官妓，略长大后，母亲依券讨女儿归。冯妍辨识后不认母亲，母亲未得带回女儿，独自离去。冯妍回到住所后突发眼疾，向郡守请假休息，郡守据平日宴会时见冯妍状况进行比较，才准冯妍脱籍。其中，冯妍有自己的居住处，并与假母即娼母同住。

　　在话本《单飞英》中，杨玉亦为官妓，且有娼母、住处等。[2]此外，还有众多同列，以姊妹相称，落籍后仍付金帛与娼母。[3]名妓温琬为市妓，才华过人，同列亦有众人，郡将知道后，"欲呼琬入官籍，而辞以不笙歌，不足以备尊俎欢。太守亦以其女弟占籍，乃辍

1　洪迈：《夷坚志》支丁卷第四《娼女冯妍》，第996页。
2　王明清：《摭青杂说》，第7—10页。
3　王明清：《摭青杂说》，第7—10页。

之"。温琬所遇多"当世豪迈之士"，郡将欲纳其入籍，并不为其住处之类所限，其中有女弟已在籍中，也同住一处。后来温琬终"被籍其名府中，自府主而下呼叫频数，日不得在家，颇废书"。[1]可见官妓除官府点集外，可在家居住，并有娼母经营。文彦博晚年"既罢遣声妓，取营籍十余人，月赋以金，每行必命之"。[2]可见，官妓除应官府点集外，有其他营生。所以上文所说府僚并不知道平日官妓的营生，营妓秀兰如有其他生活来源，也属于较为普遍的情况，所以府僚才会对秀兰的迟到倍加怀疑。

有些妓女则没有娼母管制：

> 临江军惠历寺，初造轮藏成，僧限千钱，则转一匝。有营妓丧夫，家极贫。念欲转藏以资冥福。累月辛苦，求舍随缘，终不满一千。迫于贫乏，无以自存，且嫁有日矣。此心眷眷不能已，乃携所聚之钱，号泣藏前，掷钱拜地，轮藏自转。阖寺骇异，自是不复限数矣。[3]

该营妓婚配有偶，丧夫后家庭贫困。应是除差排外，不曾招呼他人。且念再嫁，远不同由娼母管制之妓女，活动较为自由，婚配限制较小。

综上可知，"专一祗应"是指一部分官妓，如红莲之类，只应官府点集，在家时并不再招呼他人谋取营生，故可婚配，可有家庭。还有一部分官妓，除应官府点集外，亦招呼他人，推测此部分活动

1　刘斧撰辑《青琐高议》后集卷之七《温琬》，第166—174页。

2　叶梦得：《岩下放言》卷下，《景印文渊阁四库全书》第863册，第740页。

3　鲁应龙：《闲窗括异志》，据稗海本排印，王云五主编《丛书集成初编》，第16页。

应与市妓无异。另一方面，市妓也可因官府籍入，温琬就是先为市妓，后成为官妓，故衙前乐人也可以"多是市井岐路之辈"。[1]

二　祗应：迎送宴会、圣节

地方官妓籍入府衙后，所祗应活动包括迎送、宴会、节日活动等。

迎送

官员上任、离任、途经某地，当地官员可差使妓女迎送。如"张安国守临川，王宣子解庐陵郡印归次抚，安国置酒郡斋，招郡士陈汉卿参会。适散乐一妓言学作诗"，此妓吟曰："同是天边侍从臣，江头相遇转情亲。莹如临汝无瑕玉，暖作庐陵有脚春。五马今朝成十马，两人前日压千人。便看飞诏催归去，共坐中书秉化钧。"博得张安国欢心，"安国为之嗟赏竟日，赏以万钱"。[2]又淳熙年间（1174—1189），雷州太守"舟过城下"，在乐营将的带领下，"群妓迎谒"。[3]

还有一种比较特殊的情况，就是"诸番国"使节到达时，当地妓乐司也需要承应。政和五年（1115）八月八日，礼部根据福建路提举市舶司状，市舶司兴复以来，已去国外招使通贸易，然后"乞诸蕃国贡奉使、副、判官、首领所至州军，并用妓乐迎送，许乘轮或马至知、通或监司客位，俟相见罢，赴客位上马"，"并乞依蕃蛮入贡条例施行"，礼部准之。[4]

1　赵升编《朝野类要》卷一《教坊》，第31页。
2　洪迈：《夷坚志》支乙卷六《合生诗词》，第841页。
3　洪迈：《夷坚志》三志辛卷八《横州婆婆庙》，第1447页。
4　徐松辑《宋会要辑稿》蕃夷四之七三，第7750页。

宴会

宴会中级别高的是皇帝赐宴，使两京府前妓乐祗应。一种是皇帝亦参与，如雍熙元年（984）宋太宗"御丹凤楼观酺，召侍臣赐饮。自楼前至朱雀门张乐，作山车、旱船，往来御道。又集开封府诸县及诸军乐人列于御街，音乐杂发"，士庶同观。[1] 有一些规模较小，是皇帝与近臣之赐宴。太宗"常以暮春召近臣赏花钓鱼于苑中，三馆之职皆预。中书、枢密院、节度使出使赴镇，宰相还朝，咸赐宴于外苑，以亲王或枢密、宣徽使主其席（注：掌兵观察以上有特赐者，皆开封府乐营支应）"。[2] 另一种是皇帝敕设赐宴后，给予特别的礼遇，使官妓祗应。京师百官上任时，"惟翰林学士敕设用乐，他虽宰相亦无此礼。优伶并开封府点集"。至陈和叔〔仁宗嘉祐六年（1061）进士〕以学士知开封府时，"遂不用女优。学士院敕设不用女优"。[3]

地方官妓，府衙宴会时多有点集。实际上地方性的公务、宴饮、聚会，都会点集官妓。如多景楼竣工，当地官妓以齐聚助兴。不仅在地方性事务中，官员以地方之名召集的宴会也会命官妓陪同，如前文所说秀兰等，此处不再赘言。

节日

圣节为帝、后的生日，一般会有庆祝活动。妓乐是表演内容之一。此外，臣僚也可以在此日公筵招妓乐，如"天申节及人使往来之处，守臣休务之日，许用妓乐于公筵"。[4] 其余上元节、乞巧节等节日，官府也会组织妓乐演出。正月十五时，开封府绞缚山棚，内

1　《宋史》卷一一三《赐酺》，第 2699 页。

2　马端临：《文献通考》卷一〇七《王礼考二》，第 970 页。

3　沈括著，胡道静校证《梦溪笔谈校证》卷一，第 78 页。

4　徐松辑《宋会要辑稿》刑法二之一五三，第 6572 页。

设乐棚，"差衙前乐人作乐杂戏"。[1] 三月一日，东京仙桥"桥之南立棂星门，门里对立彩楼，每争标作乐，列妓女于其上"。[2] 其他地区如成都等情况也相似。

也有较为特殊时候使用妓乐，以示庆祝。真宗大中祥符元年（1008）因降祥瑞，"雨露之恩遍加率土，应天下悉赐大酺"；其年冬十月，知州枢密直学士任中正，遵旨于"衙南楼前盛张妓乐杂戏"。[3]

迎送宴会、节日时的活动，从制度规定来看：其一，并不是所有官员都可以享受妓乐。《庆元条法事类》中记监官之类，和职掌相类的官员，如发运监司、察访司、按察司官员到州县时，甚至常平官亦"依监司法"，州县教授、州县学职事等都不可预妓乐筵会。[4]

其二，不是所有场合、场所都可以用妓乐。如前文所揭劝农时不得用妓乐。宋仁宗庆历元年（1041）时，应翰林学士苏绅所请，诏"沿边臣僚筵会，自今并不得以妓女祗应"。[5] 即便是用妓乐时，妓女活动也要注意场所，"燕会之时，非得台旨，妓女不许辄入宅堂"。[6]

其三，不是所有时间都可以用妓乐。至少到南宋时便有规定"诸州县官，非遇圣节及赴本州公筵，若假日而用妓乐宴会者，杖八十。州郡遇使命经过应管待者非"。[7] 公私忌日也需要避讳。如与叶适相遇的妓女在"太守私忌"日，才可以得暇出行。[8]

1　孟元老著，邓之诚注《东京梦华录注》卷之六《元宵》，第165页。
2　孟元老著，邓之诚注《东京梦华录注》卷之七《三月一日开金明池琼林苑》，第181页。
3　黄休复：《茅亭客话》卷一，赵维国整理，朱易安、傅璇琮编《全宋笔记》第二编（一），第8页。
4　谢深甫等纂修《庆元条法事类》卷第九《职制门六·迎送宴会》，杨一凡、田涛主编《中国珍稀法律典籍续编》第1册，第161—162页。
5　徐松辑《宋会要辑稿》刑法二之二六，第6508页；并参李焘《续资治通鉴长编》卷一三四，第3195页。
6　胡太初：《昼帘绪论》"远嫌篇"第一五，《景印文渊阁四库全书》第602册，第726页。
7　谢深甫等纂修《庆元条法事类》卷第九《职制门六·迎送宴会》，杨一凡、田涛主编《中国珍稀法律典籍续编》第1册，第161页。
8　洪迈：《夷坚志》丁卷第一二《西津亭词》，第638页。

但是，上述限制并没有被很好地遵守。如温琬为官妓时，要应不同级别人员的召唤，"自府主而下呼叫频数"；[1]叶适所见妓女也说宴会频繁"过客如云，无时不开宴"。[2]所以官箴中才会提醒官员"若旬休公暇，欲与寮寀士友会聚，只为文字清饮，彼当不以我为简也。剖决公事，自有公理正法，吾亦何心其间"。[3]南宋绍兴二十六年（1156），侍御史汤鹏举言："近年州县许用妓乐，遂有达旦之会，监司、郡守或戒约之，则哄然生谤。此风起于通判，行于司理，至于盗用官钱、官酒，苦刻牙人、铺户，恣纵市买，以至县官筵会之费尽科配于公吏。"不得不"乞于天申节及人使往来之处，守臣休务之日，许用妓乐于公筵，其余自总管、谋议官、通判以下，并不许擅用借用，违者委监司、郡守即时具奏"。[4]

第二节　售酒：妓女、文官体系与国家权力

官妓还有一项非常重要的差使——卖酒。宋代酒的销售对国家经济有较重要的意义。[5]

1　刘斧撰辑《青琐高议》后集卷之七《温琬》，第 170 页。
2　洪迈：《夷坚志》丁卷第一二《西津亭词》，第 638—639 页。
3　胡太初：《昼帘绪论》"远嫌篇"第一五，《景印文渊阁四库全书》第 602 册，第 726 页。
4　徐松辑《宋会要辑稿》刑法二之一五三，第 6572 页。
5　设法卖酒其中一说是由王安石所定，主要依靠资料为《燕翼诒谋录》所载"新法既行，悉归于公，上散青苗钱于设厅，而置酒肆于谯门，民持钱而出者，诱之使饮，十费其二三矣。又恐其不顾也，则命娼女坐肆作乐以蛊惑之。小民无知，争竞斗殴，官不能禁，则又差兵官列枷杖以弹压之，名曰：'设法卖酒。'"（王栐：《燕翼诒谋录》卷三，诚刚点校，中华书局，1981，第 23 页）后世多引此材料说明，无其他佐证。据李华瑞所考，天圣年间既有"设法"之说，故此说待考（李华瑞：《宋代酒的生产和征榷》，河北大学出版社，1995）。

一　售酒

　　宋代酒楼无疑有妓女侑酒之事，但官府何时于酒库设置官妓售酒实不易考。至迟仁宗朝，已有官妓卖酒。例如李觏、陈烈有一天同往蔡襄处赴宴，"时正春时，营妓皆在后圃卖酒，相与至筵前声喏"。[1] 已是由官妓为官府卖酒。

　　到南宋时，官库多用官妓售酒。《梦粱录》载："诸库皆有官名角妓，就库设法卖酒，此郡风流才子，欲买一笑，则径往库内点花牌，惟意所择，但恐酒家人隐庇推托，须是亲识妓面，及以微利唆之可也。"[2] 即使官妓在酒库卖酒，但真要见到还是要费一点周折，只有花钱打点其"家人"才可以点到花牌。"和乐楼、和丰楼、中和楼、春风楼、太和楼、西楼、太平楼、丰乐楼、南外库、北外库、西溪库已上并官库，属户部点检所，每库设官妓数十人，各有金银酒器千两，以供饮客之用。每库有祗直者数人，名曰'下番'。饮客登楼，则以名牌点唤侑樽，谓之'点花牌'。"[3] 参考前文所说，官妓之差排，祗直者应是指当值者数人，从府衙到酒楼向下轮值。

二　官私妓女的合流

　　在售酒的过程中有两件大事：开煮和开清。南宋"户部点检所十三酒库，例于四月初开煮，九月初开清，先至提领所呈样品尝，

1　不著撰人：《道山清话》，赵维国整理，朱易安、傅璇琮编《全宋笔记》第二编（一），第116页。

2　吴自牧：《梦粱录》卷一○《点检所酒库》，第214页。

3　周密：《武林旧事》卷六《酒楼》，第441页。

然后迎引至诸所隶官府而散"。[1]《梦粱录》记时间略早，是在"中秋前，诸酒库申明点检所，择日排办迎新"，"往蒲桥教场教阅，都人观睹，尤盛于春季也"。[2] 在此之前"各库预颁告示，官私妓女新丽妆着，差雇社队鼓乐，以荣迎引"，官私妓女在迎煮之前，都会做好准备，其中妓女无论籍属何处，无论档次，"虽贫贱泼妓，亦须借备衣装首饰，或托人雇赁，以供一时之用，否则责罚而再办"。[3] 等待迎新时，"至期侵晨，各库排列整肃，前往州府教场，伺候点呈"。[4] "其官私妓女，择为三等，上马先以顶冠花衫子裆裤，次择秀丽有名者，带珠翠朵玉冠儿，销金衫儿、裙儿，各执花斗鼓儿，或捧龙阮琴瑟，后十余辈，着红大衣，带皂时髻，名之'行首'，各雇赁银鞍闹妆马匹，借倩宅院及诸司人家虞候押番，及唤集闲仆浪子，引马随逐，各青绢白扇马兀供值。"[5]《武林旧事》中也载有相似的场景，都人对此都习以为常，并不为怪。[6]

　　宋代官库"迎新"，妓女是这个环节中必不可少的一部分，是"迎新"中的一个标志，整个"迎新"活动甚至发展成一种大众参与的民俗活动。活动中妓女不再是由籍属何处进行区分，而是以声名等分等级。美化的同丑化的身体在光天化日之下游走，妓女的身体超越了审美形象，超越了社会道德，对抗日常生活规范，与利益结合形成了一种民俗现象。再一次强化，也统一了官私妓女共通的身体的消费性。从根本上来讲，她们是一个时代的消费符号，官府通过酒的销售与展示，显现出对妓女身体的控制。

1　周密：《武林旧事》卷之三《迎新》，第378页。
2　吴自牧：《梦粱录》卷四《八月》，第161页。
3　吴自牧：《梦粱录》卷二《诸库迎煮》，第149页。
4　吴自牧：《梦粱录》卷二《诸库迎煮》，第149页。
5　吴自牧：《梦粱录》卷二《诸库迎煮》，第149页。
6　周密：《武林旧事》卷之三《迎新》，第378—379页。

三　妓女、文官体系与国家

国家身体[1]在根本上对于妓女是警惕的。其中皇帝代表国家时，因为雅乐"所以飨宗庙、格神祇、法阴阳、来福祉者，盖雅正之音与天地同和也"，[2]此中的妓女是国家仪式中的符号表现，其性别特征与身份都不同于世俗妓女。在这些场合中，代表国家的皇帝是抵制世俗妓乐的。仁宗自言"不好乐，至于内外宴设，不可阙者，勉强耳。居常多恬然默坐，至于声妓荡心之物，固不屑意"。[3]当皇帝代表臣子、代表民众的意愿时，妓女表现出的是一种天下祥和、歌舞升平、其乐融融场面，皇帝可以同臣、民同乐无妨，如节庆时，皇帝坐于楼上与民众共同观看妓乐表演。

监官、州县学职事等官员也是需要抵制、拒绝声色诱惑的，不能参加妓乐宴会。最为直接的表现是沿边地区的官僚不与妓乐，正是为了使国家安全，身体健康，才要抵制妓乐的诱惑。在这个体系中妓女的形象是危险的。一旦这些官员有所越轨，"每赴晏集，亵狎倡妓"，其行为便是"有玷国体"。[4]

国家身体对于这种危险以两种方式传递给他者。一方面，以同乐为名义，在文官体系边缘，保留庞大的妓乐体系。文官体系之身体在保证国家身体运作后，妓乐作为一种特权，一种礼遇，使文

---

1 美国学者约翰·奥尼尔认为世界身体是以"拟人说"为基础的，"人类首先是将世界和社会构想为一个巨大的身体"（〔美〕约翰·奥尼尔：《身体形态：现代社会的五种身体》，第17页）。具体到一个国家时，便是将一个国家构想为一个身体，这个身体是包含了国家精神、国家凝聚力的整体。

2 徐松辑《宋会要辑稿》乐四之一六，第329页。

3 徐松辑《宋会要辑稿》乐四之一六，第329页。

4 徐松辑《宋会要辑稿》职官七〇之三一，第3960页。

人之情怀仍是有所寄托，而且官员并不需要像百姓一样为此支付财物。但是官员与官妓的肉体关系被排除在外，国家需要防止妓女对文官体系的侵害。妓女可能与官员发生关系，尽管对文官体系存在潜在的危险与危害，但仍在国家的控制之中，妓女与官员的暧昧关系成为国家身体可以接受的风险之一。

另一方面，通过售酒，国家身体将已经被文官体系作为一种特权的妓女，转化为一种经济利益，变成一种可操作的赢利方式。国家在明知"今之乐则不然，荡情性，惑视听，开嗜欲之源，萌祸乱之本，无益于至治也"[1] 的时候，将欲望转变为利润。

在这个层次中，国家身体正大通透，官员身体是有污点的，百姓纠缠于欲望，妓女的身体就像工具被其他身体消费利用。

官员与百姓都成为妓女甚至是官妓的消费者，而妓女身体远离了礼制，再到售酒等各种商业经营中展示，身体的欲望成了最重要的消费内容之一，妓女的身体转换着表现价值，从国家、官员的特权到大众的普遍消费。在这个过程中，不变的是男性以绝对优势掌控着对妓女的权力。

随着文官系统的壮大，妓女身体的消费遍及各地，妓女与官员的关系越来越难控制，当这种特权逐渐侵害到官员乃至整个官僚体系本身的形象、利益与地位时，就会在这个集团内部产生不同的声音，反省滥用国家给予官僚享受妓乐特权所带来的后果：对于自身形象、权力影响力的贬抑。南宋官箴中，越来越警惕妓乐造成的越轨行为。南宋晚期颇具声名的学者杨简在任职时，认为当务之急之一就是"罢妓籍，俾之从良"。

1　徐松辑《宋会要辑稿》乐四之一六，第 329 页。

>何谓罢妓籍，俾之从良。坏乱人心莫此为甚。盛妆丽色，群目所瞩，少年血气未定之时，风俗久坏，其能寂然不动者有几？至于名卿才士，亦沉浸其中不知愧耻。每每发诸歌咏，举世一律不以为怪，人心蠹坏，邪僻悖乱，何所不至？前代乱亡之祸皆基于人心之不善，周家德行道艺之俗成而绵祚八百，后世君臣胡得无惧，而官僚士夫中怀大欲袭循流俗重于罢去，致国家受末流之祸，呜呼痛哉！[1]

此处的罢妓籍绝不是为了使妓女转变生活方式，而是再一次重申妓女身体的危险性，要求名卿才士、官僚士夫远离盛装丽色的欲望，并将这种群体的戒惧联系到国家安危，对官僚群体地位进行巩固与提升，而妓女的身体成为败坏风俗、人心蠹坏的表现。妓女的身体又一次遭遇贬抑。

1　杨简：《慈湖遗书》卷一六，《景印文渊阁四库全书》第 1156 册，第 864 页。

　　这里，女性主义颠倒并转变了旧的政治身体的比喻，一个柏拉图、亚里士多德、西塞罗、赛内卡、马基雅维利、霍布斯和许多其他哲学家用过的比喻，将其转化为一个新的比喻：身体的政治。在旧的政治身体的比喻中，国家或社会被想象成人的身体，不同的器官和部分象征不同的功能、需要、社会要素、势力等等——大脑或灵魂代表统治阶层，血液代表人民的意志，神经代表了奖惩体系。现在，人类身体在女性主义的想象中本身就是一个内在政治化的实体，它的机能和形态被关于抑制和控制的历史和实践所塑造——从缠足和束身到强奸和殴打，再到强迫的异性恋、强制节育、意外怀孕和将身体明显的商品化（比如非裔美国女性奴隶）。

　　　　　——〔美〕苏珊·鲍尔多：《不能承受之重——女性主
　　　　　　　义、西方文化与身体》，綦亮、赵育春译，
　　　　　　　　　江苏人民出版社，2009，第 26 页

结 语 轻尘暗生

　　绪论唐宋传奇里的红拂女和谭意歌成为正妻，被封命妇，与有荣焉，修成正果。但是，更多的妓女年老色衰后，命运颠沛。这些女性化作尘埃，她们的身体是各种权力关系角力、博弈的意象，铭刻了历史的痕迹。宋代哪些权力关系构成了妓女的身体形象？这些权力又是怎样发生作用的？本书对这些问题进行了探讨，此处略加概括。

一

　　妓女的身体形象具有多个层次，包括容貌、技艺、道德等。宋代士人通过不同文类记载了妓女身体形象的不同侧面。士人所书写的妓女形象中有重合、相似之处，也有矛盾、冲突之处，反映了士人处于不同立场时对妓女的不同期待。以《温琬》传为例，不同的书写者，在记述同一个妓女的时候，仍然会表现出不同点：当强调文本的道德教化意义时，温琬是坚定、娴静、知书达理的；当道德教化意义弱化后，温琬是音容出众、诙谐、善词曲的。这些记叙都是将妓女根据不同情境进行重新书写，是书写者对于妓女在不同社会场景中身体形象的想象与期待。从不同文类来看，最为明显的是诗词和史传中妓女形象的差异：士人记述妓女的诗词不再以文载道，表现出了对妓女妆容、身姿的欣赏与想象；而史传突出了塑造妓女节义形象的道德教化功能。妓女是士人欲望的对象，同样也是用以彰德化的寄托。在士人对于妓女形象记述的背后，可以发现宋代士人对女性在社会秩序中所处位置的理想。相比于士人对妓女形象描述的多面性，妓女也有对自身形象的描述，其中主要体现了自怜于身世和生活境遇，以及对自己坚贞感情的表露，而对自己身姿、容貌的描写较少。这种描述方式更接近于士人对于良家女子的期待，反映出妓女不仅仅希望自己是士人欲望、感情的对象，也希望自己像良家女子一样可以被家庭、社会接纳。这样的书写完成了妓女对士人社会秩序、道德标准的认同，妓女在被物化的同时也完成了自我物化。

二

妓女的身体、身体的物化与自我物化是通过家庭、社会、国家等各种权力的作用形成的。

在家庭中，家妓是男性主人展示自身品位与财富的方式之一，是主人与其他士人结交、进行文化交流的一种媒介。宋初，太祖通过支持开国功臣以"歌儿舞女"享乐自娱，解除了一定的政治威胁。这也形成了一种基调，家妓是主人展现政治生活态度的一种方式，是让外界了解自己处世方式的一种途径。

在社会生活中，市妓分散于市镇的不同区域，妓女的经营、消费与市镇混合在一起，渗透于百姓的生活区域中。节日或者日常生活中妓女以特定的形象出现在百姓面前，对大众的日常经验产生影响。这些都使妓女的身体成为一种物化的景观，使她们挑战了既有的社会规范秩序，将自己置于良家女性之外，也使普通百姓、其他女性更加笃信于良家女子的道德行为规范。

在官员、国家与妓女，尤其是地方官妓的关系中，围绕妓女身体的消费形成了复杂的关系图谱。对处于文官体系中的官员来讲，与妓女的关系具有两面性：一方面作为文官体系的组成部分，为了保证国家的正常运转，官员与妓女的肉体关系受到国家法律规定等的限制；另一方面享受官妓的妓乐表演是官员的特权之一，是国家给予官员的福利。当官员滥用这种特权，妓女与官员的关系难以控制时，官僚体系内部必然会进行戒惧妓女的提示。对于国家来讲，一方面，妓女是具有危险性的女色，有影响国家身体运转的可能性，所以对职掌教育和国家安全的官员来说，格外需要注意摒远妓乐的诱惑。另一方面，国家将这种危险转嫁给官员和百姓：作为官僚体系的福利之一，妓女须使官员享乐而不糜烂到影响国家运转；作为百姓的消费对象之一，妓女转化为一种经济利益。

对于妓女而言，妓女的身体是家庭、社会、国家各种权力塑造而成的，也是性别关系塑造而成的，是男性权力主导下的产物，是宋代社会性别关系、性别规范秩序的一种体现。

不存在单方面的权力，在家庭、社会、国家施展塑造妓女的权力时，妓女的权力通过身体传递，对时代的文化、风貌产生了影响。因此也有人将之归结为宋代妓女对于词曲、文化的"贡献"。

如果将以妓女身体及权力关系为代价的词曲传播称为"贡献"，而对文化之下的群体、性别、物质代价不加以思考，我们仍然不能够了解那个时代。

此外，妓女的身体不仅是社会结构的缩影、权力发生作用的场域，也是欲望、人性纠葛的场域。生理欲望、文化交流的诉求、品德操行的声名、财富的追求，妓女犹如这些欲望的折射镜，不仅反映了士人，也反映了整个社会变化着的价值观。人性的独立、坚强、贪婪、放纵、软弱、压抑、悲哀在妓女身体的物化中都有所展露。通过对妓女的观察、分析，我们可以发现和展示一定阶段、一定群体中的人性。

三

当妓女老去，色衰艺弛，身体的经营与消费归于一个段落：

> 秦妙观，宣和名娼也。色冠都邑，画工多图其貌，售于外方。……（陆升之）客临安，雨中见一老妇人，蓬头垢而（面），丐于市，借檐溜以濯足，泣诉于升之曰："官人曾闻秦妙观名否？妾即是也。"虽掩抑困悴，而声音举措固自若也。[1]

生命的不同历程展现了消费的短暂性、命运的无常、人性的延续。

回顾全书的考察过程，正如巴塔耶在《色情史》中所说，"我们远远没有给予妓女应有的关注"，虽然"从来不乏同情之人为妓女

---

[1]　王明清:《玉照新志》卷二，本社编《宋元笔记小说大观》，上海古籍出版社，2001，第3917页。

的不幸鸣不平"。[1] 对妓女相关权力、制度的关注并不像想象中那么丰富。仍然存有遗憾，没有足够多的史料了解那个时代那个群体自身的声音，难以了解她们真实的生活状态，了解她们所想所为。

本书并没有着意分析形成宋代妓女状况的所谓社会根源与社会背景，如"市场经济"发展、理学的影响甚至性别压迫，本书只是一种尝试，尝试以身体介入历史，寻找一种立场了解、解读宋代历史。"就像所有其他的社会研究一样，身体研究并不具有任何先验的标准可以作为探究的指引，或形成一个绝对正确的进路。"[2] 笔者只是希望能够做出有益的尝试。

1　〔法〕乔治·巴塔耶：《色情史》，第118页。

2　黄金麟：《历史、身体、国家：近代中国的身体形成（1895—1937）》，新星出版社，2006，第6页。

一笔固定的入款会把人的脾气改变得这么多，实在真奇怪。世界上没有力量能把我这五百镑夺去。衣食住永远是我的。所以不但苦工挣扎都没有了，连憎恨怨忿也没有了，我用不着恨哪个人，因为他不能伤害我。我用不着奉承哪个人，因为我不要他的恩惠。于是不知不觉地我发现我自己对人类的那一半人采取了一种新的态度。责备任何阶级和任何性别都是无稽的。

——〔英〕弗吉尼亚·伍尔夫:《一间自己的屋子》，
王还译，三联书店，1989，第 46 页

参考文献

一 古籍

《陈亮集》（增订本），邓广铭点校，中华书局，1987。

《范成大笔记六种》，孔凡礼点校，中华书局，2002。

《黄庭坚全集》，刘琳等点校，四川大学出版社，2001。

《旧唐书》，中华书局，1975。

《辽史》，中华书局，1974。

《欧阳修全集》，李逸安点校，中华书局，2001。

《宋大诏令集》，中华书局，1997。

《宋史》，中华书局，1985。

《苏轼文集》，孔凡礼点校，中华书局，1986。

《新唐书》，中华书局，1975。

《叶适集》，刘公纯等点校，中华书局，1961。

《资治通鉴》，中华书局，1996。

不著撰人:《道山清话》，赵维国整理，朱易安、傅璇琮编《全宋笔记》第二编（一），大象出版社，2006。

不著撰人:《州县提纲》，《景印文渊阁四库全书》第602册，台湾商务印书馆，1986。

蔡絛:《铁围山丛谈》，冯惠民点校，中华书局，1983。

曹彦约:《昌谷集》，《景印文渊阁四库全书》第1167册，台湾商务印书馆，1986。

晁补之:《鸡肋集》，《景印文渊阁四库全书》第1118册，台湾商务印书馆，1986。

陈鹄:《西塘集耆旧续闻》，孔凡礼点校，中华书局，2002。

陈均编《皇朝编年纲目备要》，许沛藻等点校，中华书局，2006。

陈思编，陈世隆补编《两宋名贤小集》，四川大学古籍整理研究所编《宋集珍本丛刊》第103册，影印清钞本，线装书局，2004。

陈旸:《乐书》，《景印文渊阁四库全书》第211册，台湾商务印书馆，1986。

陈应鸾校注《临汉隐居诗话校注》，巴蜀书社，2001。

陈郁:《藏一话腴》，上海古籍出版社，1988。

陈元靓编《岁时广记》，王云五主编《丛书集成初编》，商务印书馆，1939。

陈元靓辑《纂图增新群书类要事林广记》，中华再造善本影印元至元六年郑氏积诚堂刻本，北京图书馆出版社，2005。

陈造:《江湖长翁集》，四川大学古籍整理研究所编《宋集珍本丛刊》第60册，影印明万历刻本，线装书局，2004。

陈振孙:《直斋书录解题》，徐小蛮、顾美华点校，上海古籍出版社，1987。

程大昌：《演繁露》，《景印文渊阁四库全书》第 852 册，台湾商务印书馆，1986。

程洵：《尊德性斋小集》，鲍廷博辑《知不足斋丛书》第 30 集，上海古书流通处，1921。

崔令钦著，任半塘笺订《教坊记笺订》，中华书局，1962。

窦仪等：《宋刑统》，吴翊如点校，中华书局，1984。

杜佑：《通典》，王文锦等点校，中华书局，1988。

范摅：《云溪友议》，《景印文渊阁四库全书》第 1035 册，台湾商务印书馆，1986。

方回：《续古今考》，《景印文渊阁四库全书》第 853 册，台湾商务印书馆，1986。

冯梦龙编著《古今小说》，上海古籍出版社，1987。

葛立方：《韵语阳秋》，上海古籍出版社，1984。

韩琦撰，李之亮、徐正英笺注《安阳集编年笺注》，巴蜀书社，2000。

韩维：《南阳集》，《景印文渊阁四库全书》第 1086 册，台湾商务印书馆，1986。

洪迈：《容斋随笔》，孔凡礼点校，中华书局，2005。

洪迈：《夷坚志》，何卓点校，中华书局，1981。

胡太初：《昼帘绪论》，《景印文渊阁四库全书》第 602 册，台湾商务印书馆，1986。

黄履翁：《古今源流至论》，《景印文渊阁四库全书》第 942 册，台湾商务印书馆，1986。

黄庭坚：《山谷词》，马兴荣、祝振玉校注，上海古籍出版社，2001。

黄休复：《茅亭客话》，赵维国整理，朱易安、傅璇琮编《全宋笔记》第二编（一），大象出版社，2006。

黄震：《慈溪黄氏日抄分类》，中华再造善本影印元后至元三年刻本，北京图书馆出版社，2005。

江少虞:《宋朝事实类苑》，上海古籍出版社，1981。

江休复:《嘉祐杂志》，《景印文渊阁四库全书》第1036册，台湾商务印书馆，1986。

黎靖德辑《朱子语类》，中华书局，2004。

李昉等编《太平广记》，中华书局，1961。

李焘:《续资治通鉴长编》，中华书局，2004。

李心传:《建炎以来系年要录》，中华书局，1988。

李攸:《宋朝事实》，中华书局，1955。

李幼武纂集《宋名臣言行录别集》，《景印文渊阁四库全书》第449册，台湾商务印书馆，1986。

李元纲:《厚德录》，百川学海本。

廖莹中录《江行杂录》，王云五主编《丛书集成初编》，商务印书馆，1939。

刘敞:《公是集》，四川大学古籍整理研究所编《宋集珍本丛刊》第9册，清光绪覆刻聚珍本，线装书局，2004。

刘斧撰辑《青琐高议》，上海古籍出版社，1983。

刘过:《龙洲集》，上海古籍出版社，1982。

刘克庄著，钱仲联笺注《后村词笺注》，上海古籍出版社，1980。

柳永著，薛瑞生校注《乐章集校注》，中华书局，1994。

鲁应龙:《闲窗括异志》，王云五主编《丛书集成初编》，商务印书馆，1939。

罗愿撰，程哲辑录《罗鄂州小集》，清光绪刻本。

吕本中:《官箴》，《景印文渊阁四库全书》第602册，台湾商务印书馆，1986。

马端临:《文献通考》，中华书局，1986。

梅鼎祚纂辑《青泥莲花记》，陆林校点，黄山书社，1998。

孟元老著，邓之诚注《东京梦华录注》，中华书局，1982。

彭大翼：《山堂肆考》，《景印文渊阁四库全书》第 976 册，台湾商务印书馆，1986。

邵伯温：《邵氏闻见录》，李剑雄、刘德权点校，中华书局，1997。

沈括著，胡道静校证《梦溪笔谈校证》，上海古籍出版社，1987。

十三经注疏整理委员会整理《礼记正义（十三经注疏）》，北京大学出版社，2000。

司马光：《司马氏书仪》，王云五主编《丛书集成初编》，商务印书馆，1936。

司马光：《涑水记闻》，邓广铭、张希清点校，中华书局，1989。

宋敏求编《唐大诏令集》，中华书局，2008。

苏颂：《苏魏公文集》，中华书局，2004。

孙棨：《北里志》，本社编《唐五代笔记小说大观》下册，上海古籍出版社，2000。

孙升：《孙公谈圃》，《景印文渊阁四库全书》第 1037 册，台湾商务印书馆，1986。

唐士耻：《灵岩集》，《景印文渊阁四库全书》第 1181 册，台湾商务印书馆，1986。

天一阁博物馆、中国社会科学院历史研究所天圣令整理课题组校证《天一阁藏明钞本天圣令校证》，中华书局，2006。

田汝成辑撰《西湖游览志余》，上海古籍出版社，1980。

完颜纳丹等纂修《通制条格》，杨一凡、田涛主编《中国珍稀法律典籍续编》第 2 册，黄时鉴点校，黑龙江人民出版社，2004。

王初桐辑《奁史》，北京图书馆古籍珍本丛刊本，书目文献出版社，1998。

王夫之:《读通鉴论》，舒士彦点校，中华书局，1975。

王夫之:《宋论》，舒士彦点校，中华书局，2003。

王巩:《闻见近录》，《景印文渊阁四库全书》第1037册，台湾商务印书馆，1986。

王明清:《玉照新志》，本社编《宋元笔记小说大观》，上海古籍出版社，2001。

王明清:《摭青杂说》，王云五主编《丛书集成初编》，商务印书馆，1939。

王辟之:《渑水燕谈录》，吕友仁点校，中华书局，1997。

王溥:《唐会要》，中华书局，1955。

王钦若等编《宋本册府元龟》，中华书局，1989。

王十朋:《梅溪王先生文集》，四部丛刊初编影印明正统刊本，商务印书馆，1922。

王栐:《燕翼诒谋录》，诚刚点校，中华书局，1981。

王之道:《相山集》，《景印文渊阁四库全书》第1132册，台湾商务印书馆，1986。

王铚:《默记》，朱杰人点校，中华书局，1981。

王灼著，岳珍校正《碧鸡漫志校正》，巴蜀书社，2000。

魏泰:《东轩笔录》，李裕民点校，中华书局，1997。

吴曾:《能改斋漫录》，中华书局，1960。

吴处厚:《青箱杂记》，李裕民点校，中华书局，1997。

吴兢撰，谢保成集校《贞观政要集校》，中华书局，2003。

吴氏:《林下偶谈》，王云五主编《丛书集成初编》，商务印书馆，1936。

吴自牧:《梦粱录》，古典文学出版社，1956。

谢深甫等纂修《庆元条法事类》，杨一凡、田涛主编《中国珍稀法律典籍续编》第1册，黑龙江人民出版社，2004。

徐积：《节孝先生文集》，四川大学古籍整理研究所编《宋集珍本丛刊》第 15 册，影印明嘉靖四十四年刘佑刻本，线装书局，2004。

徐梦莘：《三朝北盟会编》，上海古籍出版社，2008。

徐士銮辑《宋艳》，浙江古籍出版社，1987。

徐松辑《宋会要辑稿》，中华书局，1957。

徐应秋：《玉芝堂谈荟》，《景印文渊阁四库全书》第 883 册，台湾商务印书馆，1986。

徐元杰：《楳埜集》，《景印文渊阁四库全书》第 1181 册，台湾商务印书馆，1986。

徐元瑞：《吏学指南》，杨讷点校，浙江古籍出版社，1988。

杨国宜校注《包拯集校注》，黄山书社，1999。

杨简：《慈湖遗书》，四明丛书约园刊本，1936。

杨杰：《无为集》，四川大学古籍整理研究所编《宋集珍本丛刊》第 15 册，宋绍兴十三年刻本，线装书局，2004。

杨无咎：《逃禅词》，《景印文渊阁四库全书》第 1487 册，台湾商务印书馆，1986。

杨仲良：《皇宋通鉴长编纪事本末》，李之亮校点，黑龙江人民出版社，2006。

叶梦得：《岩下放言》，《景印文渊阁四库全书》第 863 册，台湾商务印书馆，1986。

叶申芗：《本事词》，古典文学出版社，1957。

夷门君玉：《国老谈苑》，赵维国整理，朱易安、傅璇琮编《全宋笔记》第二编（一），大象出版社，2006。

佚名：《名公书判清明集》，中国社会科学院历史研究所、宋辽金元史研究室点校，中华书局，1987。

佚名：《宋史全文》，李之亮校点，黑龙江人民出版社，2004。

余靖:《武溪集》,四川大学古籍整理研究所编《宋集珍本丛刊》第3册,明成化九年刻本,线装书局,2004。

俞德邻:《佩韦斋辑闻》,《景印文渊阁四库全书》第865册,台湾商务印书馆,1986。

俞正燮:《癸巳类稿》,涂小马等校点,辽宁教育出版社,2001。

袁采:《袁氏世范》,中华再造善本影印宋刻本,北京图书馆出版社,2003。

袁说友:《东塘集》,四川大学古籍整理研究所编《宋集珍本丛刊》第64册,影印清翰林院钞本,线装书局,2004。

岳珂:《愧郯录》,知不足斋丛书本。

张邦基:《墨庄漫录》,孔凡礼点校,中华书局,2002。

张方平:《乐全先生文集》,四川大学古籍整理研究所编《宋集珍本丛刊》第5册,宋刻本,线装书局,2004。

张舜民:《画墁录》,汤勤福整理,朱易安、傅璇琮编《全宋笔记》第二编(一),大象出版社,2006。

张炎:《山中白云词》,吴则虞校辑,中华书局,1983。

张詠:《张乖崖集》,张其凡整理,中华书局,2000。

长孙无忌等:《唐律疏议》,刘俊文点校,中华书局,1983。

赵令畤:《侯鲭录》,孔凡礼点校,中华书局,2002。

赵汝愚:《宋朝诸臣奏议》,上海古籍出社,1999。

赵升编《朝野类要》,王瑞来点校,中华书局,2007。

赵彦端:《介庵词》,《景印文渊阁四库全书》第1488册,台湾商务印书馆,1986。

周必大:《庐陵周益国文忠公集》,四川大学古籍整理研究所编《宋集珍本丛刊》第51册,影印傅增湘校清欧阳棨刻本,线装书局,2004。

周密:《癸辛杂识》,吴企明点校,中华书局,1988。

周密：《齐东野语》，张茂鹏点校，中华书局，1983。

周密：《武林旧事》，古典文学出版社，1956。

朱弁：《曲洧旧闻》，孔凡礼点校，中华书局，2002。

朱彧：《萍洲可谈》，李伟国点校，中华书局，2007。

二 今人著作

〔比利时〕亨利·皮雷纳：《中世纪的城市〔经济和社会史评论〕》，陈国
　　樑译，商务印书馆，1985。

〔法〕米歇尔·福柯：《不正常的人》，钱翰译，上海人民出版社，2003。

〔法〕米歇尔·福柯：《规训与惩罚：监狱的诞生》，刘北成、杨远婴译，
　　三联书店，1999。

〔法〕米歇尔·福柯：《性经验史》（增订版），佘碧平译，上海人民出版
　　社，2002。

〔法〕莫里斯·梅洛-庞蒂：《知觉现象学》，姜志辉译，商务印书馆，2001。

〔法〕乔治·巴塔耶：《色情史》，刘晖译，商务印书馆，2003。

〔法〕谢和耐：《蒙元入侵前夜的中国日常生活》，刘东译，江苏人民出
　　版社，1997。

〔美〕安德鲁·斯特拉桑：《身体思想》，王业伟、赵国新译，春风文艺
　　出版社，1999。

〔美〕白馥兰：《技术与性别——晚期帝制中国的权力经纬》，江湄、邓
　　京力译，江苏人民出版社，2006。

〔美〕包弼德：《斯文：唐宋思想的转型》，刘宁译，江苏人民出版社，
　　2001。

〔美〕费侠莉：《繁盛之阴：中国医学史中的性（960—1665）》，甄橙主
　　译，江苏人民出版社，2006。

〔美〕费正清:《中国：传统与变迁》，张沛等译，吉林出版集团有限责任公司，2008。

〔美〕高彦颐:《缠足:"金莲崇拜"盛极而衰的演变》，苗延威译，江苏人民出版社，2009。

〔美〕简·盖洛普:《通过身体思考》，杨莉馨译，江苏人民出版社，2005。

〔美〕刘子健:《中国转向内在：两宋之际的文化内向》，赵冬梅译，江苏人民出版社，2002。

〔美〕曼素恩:《缀珍录——十八世纪及其前后的中国妇女》，定宜庄、颜宜葳译，江苏人民出版社，2005。

〔美〕美国波士顿妇女写作集体:《美国妇女自我保健经典——我们的身体 我们自己》，知识出版社，1998。

〔美〕琼·C.克莱斯勒等编《女性心理学》，汤震宇、杨茜译，上海社会科学院出版社，2007。

〔美〕史景迁:《王氏之死：大历史背后的小人物命运》，李璧玉译，上海远东出版社，2005。

〔美〕伊沛霞:《内闱：宋代妇女生活》，胡志宏译，江苏人民出版社，2004。

〔美〕约翰·奥尼尔:《身体形态：现代社会的五种身体》，张旭春译，春风文艺出版社，1999。

〔日〕岸边成雄:《唐代音乐史的研究》，梁在平、黄志炯译，台湾中华书局，1973。

〔日〕井上彻:《中国的宗族与国家礼制：从宗法主义角度所作的分析》，钱杭译，上海书店出版社，2008。

〔日〕栗山茂久:《身体的语言：古希腊医学和中医之比较》，陈信宏、张轩辞译，上海书店出版社，2009。

〔日〕尾形勇:《中国古代的"家"与国家》，张鹤泉译，中华书局，2010。

〔日〕滋贺秀三：《中国家族法原理》，张建国、李力译，法律出版社，
　　2003。

〔英〕布莱恩·特纳：《身体与社会》，马海良、赵国新译，春风文艺出
　　版社，2000。

〔英〕弗雷德里克·F.卡特赖特、迈克尔·比迪斯：《疾病改变历史》，陈
　　仲丹、周晓政译，山东画报出版社，2004。

鲍晓兰主编《西方女性主义研究评介》，三联书店，1995。

边燕杰等主编《社会分层与流动：国外学者对中国研究的新进展》，中
　　国人民大学出版社，2008。

常建华：《婚姻内外的古代女性》，中华书局，2006。

陈登武：《从人间世到幽冥界：唐代的法制、社会与国家》，北京大学出
　　版社，2007。

陈东原：《中国妇女生活史》，商务印书馆，1934。

陈顾远：《中国婚姻史》，商务印书馆，1934。

陈立胜：《王阳明"万物一体"论：从"身—体"的立场看》，华东师范
　　大学出版社，2008。

陈万鼐：《元代戏班优伶生活景况：以元佚名〈蓝采和〉杂剧为例》，文
　　史哲出版社，2009。

陈寅恪：《金明馆丛稿二编》，三联书店，2001。

陈振：《宋代社会政治论稿》，上海人民出版社，2007。

邓广铭、漆侠：《宋史专题课》，北京大学出版社，2008。

邓小南：《祖宗之法：北宋前期政治述略》，三联书店，2006。

邓小南主编《唐宋女性与社会》（上、下），上海辞书出版社，2003。

邓小南等主编《文书·政令·信息沟通：以唐宋时期为主》，北京大学
　　出版社，2012。

邓小南主编《政绩考察与信息渠道：以宋代为重心》，北京大学出版社，

2008。

东郭先生（刘师古）:《妓家风月》,北岳文艺出版社,1990。

杜芳琴主编《发现妇女的历史——中国妇女史论集》,天津社会科学院
　　出版社,1996。

杜芳琴:《妇女学和妇女史的本土探索:社会性别视角和跨学科视野》,
　　天津人民出版社,2002。

段塔丽:《唐代妇女地位研究》,人民出版社,2000。

方诚峰:《北宋晚期的政治体制与政治文化》,北京大学出版社,2015。

高明士:《中国中古礼律综论——法文化的定型》,元照出版公司,
　　2014。

高明士编《东亚传统家礼、教育与国法》,华东师范大学出版社,2008。

葛红兵、宋耕:《身体政治》,上海三联书店,2005。

龚斌:《情有千千结:青楼文化与中国文学研究》,汉语大词典出版社,
　　2001。

胡忌:《宋金杂剧考》(订补本),中华书局,2008。

黄春晓:《城市女性社会空间研究》,东南大学出版社,2008。

黄东兰主编《身体·心性·权力》,浙江人民出版社,2005。

黄金麟:《历史、身体、国家:近代中国的身体形成(1895—1937)》,
　　新星出版社,2006。

黄俊杰、江宜桦编《公私领域新探:东亚与西方观点之比较》,华东师
　　范大学出版社,2008。

黄俊杰:《东亚儒学史的新视野》,华东师范大学出版社,2008。

黄宽重:《政策·对策:宋代政治史探索》,联经出版事业股份有限公
　　司,2012。

黄盈盈:《身体·性·性感:对中国城市年轻女性的日常生活研究》,社
　　会科学文献出版社,2008。

金千秋：《全宋词中的乐舞资料》，人民音乐出版社，1990。

康瑞军：《宋代宫廷音乐制度研究》，上海音乐学院出版社，2009。

李剑亮：《唐宋词与唐宋歌妓制度》，浙江大学出版社，2006。

李小江：《历史、史学与性别》，江苏人民出版社，2002。

李小江：《女性／性别的学术问题》，山东人民出版社，2005。

李小江：《中国女人：跨文化对话》，江苏人民出版社，2006。

李小江等：《文化、教育与性别——本土经验与学科建设》，江苏人民出
　　版社，2002。

李贞德主编《性别、身体与医疗》，中华书局，2012。

廖美云：《唐伎研究》，台湾学生书局，1995。

林文勋等：《中国古代"富民"阶层研究》，云南大学出版社，2008。

刘静贞：《不举子——宋人的生育问题：杀子、溺女、堕胎》，稻香出版
　　社，1998。

柳立言：《宋代的家庭和法律》，上海古籍出版社，2008。

柳立言：《宋代的宗教、身分与司法》，中华书局，2012。

罗烨：《醉翁谈录》，古典文学出版社，1957。

闵定庆：《谐谑之锋——俳优人格》，东方出版社，2009。

仁二北：《优语集》，上海文艺出版社，1981。

宋东侠：《宋代妇女地位研究》，中国文史出版社，2006。

孙民纪：《优伶考述》，中国戏剧出版社，1999。

谭晓玲：《冲突与期许——元代女性社会角色与伦理观念的思考》，南开
　　大学出版社，2009。

陶晋生：《北宋士族：家族·婚姻·生活——"中央研究院"历史语言
　　研究所专刊》，乐学书局，2001。

陶晋生：《历史的瞬间：从宋辽金人物谈到三寸金莲》，联经出版事业股
　　份有限公司，2006。

陶慕宁:《青楼文学与中国文化》,东方出版社,2006。

陶希圣:《婚姻与家族》,商务印书馆,1934。

汪民安、陈永国编《后身体:文化、权力和生命政治学》,吉林人民出版社,2003。

汪民安:《福柯的界线》,南京大学出版社,2008。

汪民安:《身体、空间与后现代性》,江苏人民出版社,2006。

汪民安编《色情、耗费与普遍经济:乔治·巴塔耶文选》,吉林人民出版社,2003。

汪民安主编《身体的文化政治学》,河南大学出版社,2004。

王曾瑜:《宋朝阶级结构》(增订版),中国人民大学出版社,2010。

王国维:《宋元戏曲史》,上海古籍出版社,1998。

王明珂:《羌在汉藏之间:川西羌族的历史人类学研究》,中华书局,2008。

王宁:《宋元乐妓与戏剧》,中国戏剧出版社,2003。

王书奴:《中国娼妓史》,团结出版社,2004。

王政、杜芳琴主编《社会性别研究选译》,三联书店,1998。

吴晟:《瓦舍文化与宋元戏剧》,中国社会科学出版社,2001。

项阳:《山西乐户研究》,文物出版社,2001。

修君、鉴今:《中国乐妓史》,中国文联出版社,2003。

徐规:《仰素集》,杭州大学出版社,1999。

颜健富:《从“身体”到“世界”——晚清小说的新概念地图》,台大出版中心,2014。

杨万里:《宋词与宋代的城市生活》,华东师范大学出版社,2006。

张邦炜:《宋代婚姻家庭史论》,人民出版社,2003。

张超:《民国娼妓盛衰》,社会科学文献出版社,2009。

张晓宇:《奁中物:宋代在室女“财产权”之形态与意义》,江苏教育出版社，2008。

张允熠：《阴阳聚裂论》，北方妇女儿童出版社，1988。

郑志敏：《细说唐妓》，文津出版社，1997。

中华书局编辑部编《中研院历史语言研究所集刊论文类编（历史编·宋辽金元卷）》，中华书局，2009。

钟雪萍、〔美〕劳拉·罗斯克主编《越界的挑战：跨学科女性主义研究》，上海社会科学院出版社，2003。

周与沉：《身体：思想与修行——以中国经典为中心的跨文化关照》，中国社会科学出版社，2005。

高桥芳郎『宋—清身分法の研究』北海道大学図書刊行会、2001。

Paola Zamperini, *Lost Bodies: Prostitution and Masculinity in Chinese Fiction*, Leiden, Boston: Brill, 2010.

Beverly Bossler, *Courtesans, Concubines, and the Cult of Female Fidelity,* Cambridge: Harvard University Asia Center, 2013.

三　相关论文

〔美〕费侠莉：《再现与感知——身体史研究的两种取向》，蒋竹山译，《新史学》第 10 卷第 4 期，1999 年。

曹治邦：《从唐代文人与妓女的爱情传奇看唐代的社会风貌和士大夫的时代心理》，《中国古代小说戏剧研究丛刊》2005 年第 3 辑。

杜芳琴：《中国妇女 / 性别史研究六十年述评：理论与方法》，《中华女子学院学报》2009 年第 5 期。

高迈：《中国娼妓制度之历史的搜究》，鲍家麟编著《中国妇女史论集》，牧童出版社，1979。

高世瑜：《唐代的官妓》，《史学月刊》1987 年第 5 期。

何新岭:《宋代传奇小说"名妓"形象的演变》,《广东技术师范学院学报》2009 年第 8 期。

洪英雪:《青楼场域之分析》,《汉学论坛》第 3 辑,2003 年。

李业勤:《宋朝之歌妓》,《新光杂志》第 2 卷第 5 期,1941 年。

刘念兹:《宋杂剧丁都赛雕砖考》,《文物》1980 年第 2 期。

刘宗灵:《身体之史:历史的再认识——近年来国内外身体史研究综述》,复旦大学历史学系、复旦大学中外现代化进程研究中心编《新文化史与中国近代史研究》,上海古籍出版社,2009。

马德程:《宋代女优的社会地位》,李又宁、张玉法编《中国妇女史论文集》第 1 辑,台湾商务印书馆,1981。

宁欣:《由唐入宋都市人口结构及外来、流动人口数量变化浅论——从〈北里志〉和〈东京梦华录〉谈起》,《中国文化研究》2002 年第 2 期。

欧阳灿灿:《欧美身体研究述评》,《外国文学评论》2008 年第 2 期。

潘绥铭:《近百年来关于娼妓的研究》,《湖南科技学院学报》2005 年第 3 期。

邱晨音:《唐长安教坊小记》,《中国历史地理论丛》1991 年第 3 期。

全汉昇:《宋代女子职业与生计》,《食货》第 1 卷第 9 期,1935 年。

任仲书、于海生:《宋代"牙人"的经济活动及影响》,《史学集刊》2003 年第 3 期。

宋东侠:《宋代士大夫的狎妓风》,《史学月刊》1997 年第 4 期。

铁爱花:《论宋代国家对女性的旌表》,《历史教学》(高校版)2008 年第 6 期。

王桐龄:《唐宋时代妓女考》,《史学年报》第 1 卷第 1 期,1929 年。

项阳:《一本元代乐籍佼佼者的传书——关于夏庭芝的〈青楼集〉》,《音乐研究》2010 年第 2 期。

徐吉军:《论南宋临安色妓之盛及其社会根由》,中国古都学会编《中国古都研究》（七），山西人民出版社，1991。

杨果、铁爱花：《从唐宋性越轨法律看女性人身权益的演变》，《中国史研究》2006 年第 1 期。

杨果：《宋人墓志中的女性形象解读》，《东吴历史学报》第 11 期，2004 年。

余贵林：《宋代买卖妇女现象初探》，《中国史研究》2000 年第 3 期。

余一霞：《元代女伶之技艺与交游初探》，《东方人文学志》第 9 卷第 1 期，2010 年 3 月。

俞兆鹏：《从朱熹按劾唐仲友看南宋贪官与营妓的关系》，《江西社会科学》2005 年第 2 期。

宇亮：《唐宋明三代的卖笑妇》，高洪兴等编《妇女风俗考》，上海文艺出版社，1991。

张福政：《唐代妓女的类别与性质研究》，博士学位论文，台湾政治大学，2001。

张宏：《城市住居与中国古代娼妓制度》，《华中建筑》2000 年第 4 期。

张杰：《娼与倡》，《中国性科学》2007 年第 3 期。

张晓虹等：《南宋临安节日活动的时空结构研究》，《中国历史地理论丛》2008 年第 4 期。

张筱兑：《论宋代娼优与榷酤之制》，《甘肃社会科学》2005 年第 3 期。

Beverly Bossler, "Shifting Identities: Courtesans and Literati in Song China," *Harvard Journal of Asiatic Studies*, Vol.62, No.1, Jun. 2002.

附录一　身体、文本、权力与日常经验[*]
——欧美中国妇女史研究的新视野与新成果（2000—2013.7）

　　欧美学界对于中国女性的研究已经成为国外汉学的重要组成部分。妇女史研究已经渐渐超越了在历史上寻找女性痕迹和表彰女性历史贡献的研究方式，更倾向于寻求性别角色、性别关系是如何建构起来的，在这个建构的过程中，女性、男性发挥了什么作用，在经济、政治、文化、社会中形成了怎样的话语方式和结构。为了达到上述研究目的，学者选取了不同的研究切入点，有从新角度对老问题的分析，有新的理论工具带动新的问题，有多学科的相互激发，形成了新的研究视野。整体来看，妇

---

* 　该论文发表于《史林》2014 年第 3 期，由人大复印报刊资料《妇女研究》2014 年第 6 期全文转载。

女史的研究以不同的研究角度、不同的研究主体开拓了历史学的研究领域，甚至是对既往研究范式的突破与创新。

笔者尝试从身体、文本及权力经验三个角度进行分析，探讨 2000 年至 2013 年 7 月欧美学界于中国妇女史（960—1911）研究的趋势变化，以期初步观察欧美史学界的热门与前瞻的课题。囿于语言不通和资源有限，本文所涉主要为英语研究成果，挂一漏万，必有沧海遗珠之憾。

一　身体

意大利导演皮埃尔·保罗·帕索里尼（Pier Paolo Pasolini）曾说："身体始终具有革命性，因为它代表了不能被编码的本质。"身体作为基本的物质载体，外观、状态和活动都是一种文化建构的产物，忠实地记录了时代的观点。女性身体无疑留下了印记，为解读不同地区、时代的历史提供了线索和依据。在中国妇女史的相关研究中，缠足、贞节被赋予了新的研究意义，女性医疗则是近年来勃兴的新课题。

（一）缠足

缠足作为中国特有的规训女性身体的方式之一，西方学者长久以来对此怀有浓厚的兴趣。西方学者对缠足的理解不断变化，也反映出西方学界以及西方世界对华认识、态度的变迁。美国学者伊沛霞（Patricia Buckley Ebrey）对 13—19 世纪西方学者游记中关于缠足目的的分析进行归纳，将其中的主要观点依时间顺序概括为六种——时尚、幽禁、畸形、残疾、惩罚儿童、文化停滞（culture immobility），并且对西方学者的缠足理解何以有如此多的误区做出了解释，认为除了当时西方对中国的研究难登大雅之堂外，主要因为游记的作者、阅读者、资料提供者都是男性，他们并不了解当时中国缠足女性的实际状况，这种性别观念的偏差是准确认识缠足现象的极大的障碍。正如伊所指出，中西认识的差距很大，一些误区甚至延续到 20 世纪末，直到女性主义研究者为缠足做出了不同的解释。[1]

美国学者高彦颐（Dorothy Ko）的缠足研究以 19 世纪 80 年代至 20 世纪 30 年代为时限，抛开既往的道德审判态度，从女性主义角度对以往研究进行批判，通过图像、缠足用品遗存、民间类书、访谈录等多样化的材料，考察了在缠足研究中一直处于"失语"状态的女性，发现她们并不是全然"受压迫"的形象，在缠足时表现出了不同态度和参与程度。[2]女性通过公众的、私下的身体语言完成的历史诉说，这种研究思路是从"男性书写的文本历史"到"女性历史的身体书写"的转移，因此也被誉为具有"典范转移"的意义。[3]建立"物质文化"（material culture）与"身体"规训之间的联系也是高氏的研究的亮点之一，如其对"莲鞋"的形状、质地所发生的变化与人们对足的期望的释读为前人未发之音。此外，范红（Hong Fan）、贝芙莉·杰克逊（Beverley Jackson）、王屏（Ping

1 Patricia Buckley Ebrey, "Gender and Sinology: Shifting Western Interpretations of Footbinding, 1300–1890," *Late Imperial China*, 1999, Vol.20, no.2, pp.1–34.

2 Dorothy Ko, "The Shifting Meanings of the Body as Attire: Footbinding in Seventeenth-Century China," *Journal of Women's History*, 1997, Vol.8, pp.8–27; *Every Step a Lotus: Shoes for Bound Feet*, Berkeley: University of California Press, 2001; "Footbinding in the Museum," *Interventions*, 2003, Vol.5, no.3, pp.426–439; Dorothy Ko, *Cinderella's Sisters: A Revisionist History of Footbinding*, Berkeley: University of California Press, 2005, 后由苗延威译为《缠足："金莲崇拜"盛极而衰的演变》，江苏人民出版社，2009。

3 苗延威：《未知的诱惑：缠足史研究的典范转移》，《近代中国妇女史研究》第 14 期，2006 年，第 243—253 页，后收入《缠足："金莲崇拜"盛极而衰的演变》"译者的话"时有改写。

Wang）、宝森（Laurel Bossen）等学者也为重新解释缠足现象做出了贡献。[1]

（二）贞节

在女权主义"女人的身体属于女人自己"的口号下反观历史，会思考"贞节观"是如何形成的。柏文莉（Beverly Bossler）多年潜心之新作就是探讨宋元时期妓女、妾的变化以及贞节观的演变。宋代不断发展的经济和扩大的精英阶层使女性身体在消费、再生产中不断物化。随着北宋娱乐文化的发展，人们开始关注女性的家庭角色和社会稳定性，尤其是对妾和上层社会中的节妇在家庭中的地位展开了讨论。南宋妓女和妾在社会中普遍存在，引起了家庭和政府观点的冲突。由于北宋末期政治上的不稳定，文人通过赞扬节妇来鼓励政治忠诚。至南宋末期，家庭的稳定和政权的存续问题一直存在，而在墓志铭中，节妇作为忠诚的典范被一再宣扬。到元朝，受到文人赏识的有才华的妓女越来越多，但是她们的地位越来越低。理想的妓女形象与节妇也越来越接近。同时出现了大量的作品赞扬节妇，不仅是因为她们的行为事迹，更是因为她们成为儒家文化仍然存在的核心证明。作者揭示了儒家思想和性别之间关系的发展轨迹，宋元到明清性别秩序是如何建立的以及之间的变化。[2]

---

1 Hong Fan, *Footbinding, Feminism, and Freedom: The Liberation of Women's Bodies in Modern China*, London: Frank Cass, 1997; Beverley Jackson, *Splendid Slippers: A Thousand Years of an Erotic Tradition*, Berkeley: Ten Speed Press, 1998; Ping Wang, *Aching for Beauty: Footbinding in China*, Minneapolis: University of Minnesota Press, 2000; Laurel Bossen, Wang Xurui, Melissa J. Brown, Hill Gates, "Feet and Fabrication: Footbinding and Early Twentieth-Century Rural Women's Labor in Shaanxi," *Modern China*, 2011, Vol.37, no.4, pp.347-383.

2 Beverly Bossler, *Courtesans, Concubines, and the Cult of Female Fidelity*, Cambridge: Harvard University Asia Center, 2013.

戴真兰（Janet M. Theiss）以清朝，主要是 18 世纪为研究时段，改变对"贞节观"从道德层面评判的研究模式，以国家档案所存的清代刑科题本为基本材料，这也使中下层社会女性进入研究视野：女性的身体受到侵犯，贞节被"破坏"，国家、家庭、女性自身对这种"不光彩事件"（disgraceful matters）的态度和处理方式。[1]卢苇菁（Weijing Lu）也将目光集中于 1368—1911 年拼死保护贞节的"贞女"身上，作者分析了围绕"贞女"情结展开的家庭冲突、政府政策、思想论战、个人情感，尤其是对婚礼、自杀等行为的分析，以及各种因素对于年轻女性维护自身贞节的影响，以此达到对明清时期的历史重新了解的目的。[2]守节明志而死也是 16 世纪以后女性自杀的重要原因之一，戴真兰对此亦作有多篇文章。[3]显然，自杀是女性维护贞节、处置身体的最极端方式。

（三）医疗

医疗是对身体的照顾与关怀，中医极早就关注到了男女身体医护的区别，并采取分科医护的方式。正如费侠莉（Charlotte Furth）所言医学史和女性主义两种路径可以"交汇于它们对于身体的思考上"（第 8 页）。费侠莉充分发掘了医学文本的研究价值，她从《黄帝内经》谈起，对宋代医学分科以后怀孕、生产、医患

1　Janet M. Theiss, *Disgraceful Matters: The Politics of Chastity in Eighteenth-Century China*, Berkeley: University of California Press, 2004.

2　Weijing Lu, *True to Her Word: The Faithful Maiden Cult in Late Imperial China*, Stanford, Calif.: Stanford University Press, 2008, 后秦立彦译为《矢志不渝：明清时期的贞女现象》，江苏人民出版社，2010。

3　Janet M. Theiss, "Female Suicide, Subjectivity and the State in Eighteenth-Century China," *Gender & History*, 2004, Vol.16; Managing Martyrdom, "Female Suicide and Statecraft in Mid-Qing China," in P. S. Ropp, P. Zamperini, H.T. Zurndorfer, eds., *Passionate Women: Female Suicide in Late Imperial China*, Leiden: Brill, 2001.

互动及相关知识进行梳理阐释，以性别分析的眼光解读中国的医学思想，以至强调"阴阳"的身体观念。[1]新近研究中，吴一立（Yili Wu）将研究时段定于17—19世纪，以清代医家阎纯玺及其医学经历和《胎产心法》的产生、流传为线索，对清代妇科中的生产、流产经验及中国宇宙观影响下的孕产指导进行分析，以此阐释文集汇编、个人体验等关于女性身体医疗知识如何被制造、阐释和合法化的显著分歧。[2]

相对来说，通过面容妆术、服饰对身体的修饰是更为普遍的现象。如《变换的服饰：时尚、历史、国家》中建立的服饰时尚等对于女性的影响以及时尚和国家的关系；[3]还有研究者对中国服饰进行分析，总结了中国女性服饰的传承与变化。[4]

可以发现，对于身体如外在、观念等不同层面的研究，也受到"新文化史"的影响，已经从曾经的边缘位置逐渐进入人们的视野，前景可观。

二　文本

史料对历史学的至关重要可能已经是"陈腔"，但是如何解读作为史料依托的文本，发掘文本中的意图却是历久弥新的课题。20

1　Charlotte Furth, *A Flourishing Yin: Gender in China's Medical History, 960-1665*, Berkeley: University of California Press, 1999, 后由甄橙等译为《繁盛之阴：中国医学史中的性（960—1665）》，江苏人民出版社，2006。

2　Yili Wu, *Reproducing Women: Medicine, Metaphor, and Childbirth in Late Imperial China*, Berkeley: University of California Press, 2010.

3　Antonia Finnane, *Changing Clothes in China: Fashion, History, Nation*, New York: Columbia University Press, 2008.

4　Valery Garrett, *Chinese Dress: From the Qing Dynasty to the Present*, North Clarendon, Vt.: Tuttle Publishing, 2007.

世纪 80 年代新历史主义兴起，经由斯蒂芬·格林布拉特（Stephen Greenblatt）、路易斯·蒙特洛斯（Louis Montrose）强调"文本的历史性"（the historicity of texts）和"历史的文本性"（textuality of history）：一方面，文本产生于一定的历史背景；另一方面，历史的客观性受到质疑，历史具有文本的局限性。海登·怀特（Hayden White）在《元史学》《后现代历史叙事学》等书中极大丰富了文本解读的多样性。在此基础上，文学史的研究与历史学研究的界限进一步模糊，这也充实了研究女性历史的资料来源与研究方法。对应上述新历史主义对文本特性的解读，可以将相关研究分为两类：一是根据女性所书写的文本的研究以及相关的才女与女性教育问题研究，另一是以特定文本中记载的女性为对象的研究与相关研究。它们都是对研究方法的拓展，对于史料、观点的创新。

（一）女性所书写的文本以及相关的才女与女性教育问题研究

历史上女性撰写且存留下来的作品数量有限，其中明清至近代的作品占了绝大部分，20 世纪末期学者对此研究逐渐深入。加拿大华裔教授方秀洁（Grace S. Fong）、孙康宜（Kang-I Sun Chang）等学者在此方面取得了显著的成绩。方秀洁长期关注中国古典诗词，认为写诗是女性自我表现（self-representation）的方式之一，也是研究社会话语结构的重要资料。例如其《女性的状况？中华帝国晚期女性诗篇中的疾病》（A Feminine Condition? Women's Poetry on Illness in Late Imperial China）一文通过对明清时期女性诗作中的患病主题的探讨来观察女性的日常生活。文章揭示出疾病作为女性诗作的常见主题，其频率之高成为一种显著的社会和文化现象，并对女性将疾病这样一种私密感受和个人经历反映在诗这种公开（public）媒介里的原因进行分析，认为相对于男性将患病当作达到某一目标中的挫折，女性更倾向于将患病当作生活中暂时的替代，因为女性在平时忙于洒扫、"主中馈"之类家庭内的事务，当她们生病的时候才有机会阅读、转向个体的情绪并在诗中有所表现。[1]

　　欧美学者对中国的女性文学，尤其是明清时期的女性文学生活研究投入了极大的热情，成果迭出。需要特别提到的是孙康宜和宇文所安（Stephen Owen）主编的《剑桥中国文学史》第二卷，时限为自 1375 年至现当代，全书并不刻意强调，而是恰当地将女性还原于各自的时代，例如记述晚清到五四以前，女作家的写作发出了不同的声音，也拓展了写实主义的视野，是当时文学界的特征之一。这种描述方式其实也为妇女史研究提供了可借鉴的思路。当然在孙康宜执笔的明代部分，作者秉承自身学术之所长，对 14 世纪文学中对女性形象的重建问题展开研究著述。[2] 方秀洁、魏爱莲（Ellen Widmer）编《家庭内外：明清时期的女性写作者》（ *The Inner Quarters and Beyond: Women Writers from Ming through Qing* ），达里亚·柏格（Daria Berg）、司马懿（Chloë Starr）编《追寻风雅：超越性别与阶级的合谋》（ *The Quest for Gentility in China: Negotiations beyond Gender and Class* ）收录了相关研究论文，很多文章都突破了文

1　Grace S. Fong, "A Feminine Condition? Women's Poetry on Illness in Late Imperial China," in Paolo Santangelo, Ulrike Middendorf, eds., *From Skin to Heart: Perceptions of Emotions and Bodily Sensations in Traditional Chinese Culture*, Wiesbaden: Harrassowitz Verlag, 2006; "Passionate Women: Female Suicide in Late Imperial China"（《明清女性创作绝命诗的文化意义》）, in Paul Ropp, ed., *Signifying Bodies: The Cultural Significance of Suicide Writings by Women in Ming-Qing China*, Leiden: Brill, 2001, pp.105–142; *Nan Nü: Men, Women and Gender in Early and Imperial China*, 2001, 3.1, pp. 105–142，亦收入张宏生编《明清文学与性别研究》，江苏古籍出版社，2002。

2　Kang-I Sun Chang, Stephen Owen, eds., *The Cambridge History of Chinese Literature* V.2, Cambridge, UK; New York: Cambridge University Press, 2010.

学史、社会史的界限，形成了新的研究视角和研究思路。[1]

　　女性诗词作为重要的研究史料，大多反映的是上层女性的生活。这些书写的女性通常被称为"闺秀""名媛""才女"，她们生活的状况、构成的交际网络、社会活动等，形成了"才女文化"。20 世纪 90 年代曼素恩（Susan Mann）、高彦颐于"才女"这个特殊女性群体的研究都有专著问世，二人的研究有共通因袭之处，考述了 17 世纪女性生活领域的变化，及 18 世纪盛清时女性文本表现出的女性在家内外追寻认同与被认同的情结。[2]曼素恩保持了研究的连贯性，其新作时段选取在稍晚的 19 世纪，也将"才女"研究推向了一个新的高度。曼氏指出"才女"的称谓在 18、19 世纪变得更为宽泛，该书依据女性诗词、相关序文、跋记、家庭成员评议等推测、深描甚至还原了常州张氏三代女性生活的种种场景。在精英家庭中，当男性缺席（absent）或者缺乏经营家庭的能力时，"闺秀"被期待具备操持家庭的能力，并且这也是她们的责任。在家族地位和安全维持比较困难的 19 世纪，像张氏这样的家族认为良好的儒家女性品质的典范应该是品行端正（moral rectitude）并具备实践技能（practical skill）的（第 198 页），因此在家庭中母亲、兄长教育女子如何置产、赢利及其他文学知识等曾经是男性学习内容的行为逐渐普遍。19 世纪末以后，伴随着民族危机等时局的转变，这些"闺秀"

1　Grace S. Fong, Ellen Widmer, eds.,*The Inner Quarters and Beyond: Women Writers from Ming through Qing*, Leiden: Brill, 2010; Daria Berg, Chloë Starr,eds., *The Quest for Gentility in China: Negotiations beyond Gender and Class*, New York: Routledge, 2007.

2　Susan Mann，*Precious Records: Women in China's Long Eighteenth Century*, Stanford, Calif.: Stanford University Press, 1997，后由定宜庄、颜宜葳译为《缀珍录》，江苏人民出版社，2005；Dorothy Ko，*Teachers of the Inner Chambers*, Stanford, Calif.: Stanford University Press, 1994，后由李志生译为《闺塾师》，江苏人民出版社，2005。

成为"新女性"的源头（第 200 页）。[1] 在中国妇女研究史将历史分析依托于人物传记的背景下，该书也是继史景迁的《王氏之死：大历史背后的小人物命运》[2] 之后的又一力作。

　　研究者没有止步于此，希望能获得更深入的研究成果。如果说高彦颐和曼素恩旨在发现社会、文化塑造女性的过程，以及这背后女性真实的生活和交往方式，莫琳·罗宾孙（Maureen Robertson）和方秀洁提供了重要的理论视角来分析传统的诗词中女性作家的交流和观念的表达。李小荣（Xiaorong Li）希望更进一步，能够发现女性通过写作和男性、社会生活相互影响，逐渐对改变自身的处境所起到的作用。他回到"闺"这个女性写作和生活的地方，以此为出发点进行研究。16 世纪"闺阁"常常被男性作家设定为一个赞美女性美丽和怜惜孤独弃妇的地方，或者是用来形容政治上忠心耿耿得不到重用、被朝廷排挤的文人的境况。这种意象很快被女性作家在诗词中吸纳、表现，于是，男性的想象成为女性和她们生活环境在整个社会中的代言。经历了几个世纪的演变，晚清时期，女性逐渐改变、拓展了闺阁文学的主题。一些作品中增加了儿童、老妇和闺阁中一些明朗的事件，比如教学、音乐、谈话、嬉闹等，来摆脱对女性的束缚和限制。越来越多的有主体意识和成熟的女作家推动着演变的过程，她们应该是后来女性意识觉醒的先驱者。[3] 应该说李小荣和曼素恩得出的结论有殊途同归之处。

　　柏格的新作是从女性作为文化生产者的角度做出的观察，发现1580—1700 年女性作为阅读者、作者和编辑以及文学社会成员的声

1　Susan Mann，*The Talented Women of the Zhang Family*, Berkeley: University of California Press, 2007.

2　〔美〕史景迁：《王氏之死：大历史背后的小人物命运》，李璧玉译，上海远东出版社，2005。

3　Xiaorong Li，*Women's Poetry of Late Imperial China: Transforming the Inner Chambers,* Washington: University of Washington Press,2012.

音和观念，追寻她们既是文化生产者也是消费者的话语表述，以此来重构那个时代文学世界中女性以及相关的话语。[1]

自传和自传性质的文字在上述学者的著作中多有引用，相较于诗词则更能完整地表现女性对自身的认知，也是研究的热点之一。晚清近代以后，女性自传数量增加，它们包含了女性的自我认知，映射了历史变动时期所期望的女性形象。正如王箐（Jing M. Wang）所批驳西方学界曾经对女性自传价值的怀疑，重申自传是"历史上的自我辩护实践"（a historically situated practice of self-representation）（第3页），女性及其他自传可以具有多种表达方式和内容，可以成为历史证据。[2] 但是，囿于史料相对有限，更具针对性的研究成果相对单薄。

与之相关的女性教育问题，尤其是19世纪末20世纪以后女子教育与社会生活的关系也倍受学者关注。女性教育是女性文化产出、未来权力发展等诸多问题的决定因素之一。上述论及的《闺塾师》《缀珍录》等著作已经注意到明清时期对女童的教育所产生的影响。

时至清朝末期，社会各界关于女性落后会影响中国发展进程的声音以及西方教会组织都促使学校教育对女性开放。丛小平（Xiaoping Cong）对于社会转型时期女子教育的相应变化有所研究，1904年，清政府还将女子拒于公立教育之外，很快于1907年转变了态度，认为"女子教育是国民教育之根本"，决定为女性建立女子学校。为了培育合乎目标的新公民，建立了女子师范学校。实

1 Daria Berg, *Women and the Literary World in Early Modern China, 1580-1700*, New York: Routledge, 2013.

2 Jing M. Wang, *When "I" Was Born: Women's Autobiography in Modern China*, Madison, Wis.: University of Wisconsin Press, 2008.

际上在 1897—1937 年，对于女子的教育目的、教育方式都经历
了反复变化，从最初的培养"相夫、教子、宜家、善种"的女性
到反对女孩进入学校再到倡议者呼吁将女性塑造成"合格的公民"
（qualified citizens）（第 130 页），在此过程中精英家庭中受过教育
的女性成为支持女子学校教育的活跃力量，其后清政府为此颁布
的女子教科书中新、旧杂陈，既有数学、地理知识，也有缝纫、
持家教育，实际上依然限制着男性、女性接受同等的教育。女子
师范学校的教育仍没有避免受传统家庭女塾师角色的影响（第 143
页）。[1] 保罗·约翰·贝利（Paul John Bailey）认为教育改革是 20
世纪初清政府重新振兴中国，建立政治地位和现代化计划中的重
要组成部分。改革中较显著的特征就是为女童兴建的官办和民间
学校的出现。作者用官方档案、报纸、期刊对官员、教师、改革
者之间的关系进行分析，并用课程设计与女生的教育实习等资料
描述年轻的女性如何利用这种有利的机会。[2]

　　教会学校是 19 世纪中期以后到 20 世纪初女子教育的重要机
构之一，魏爱莲注意到 1900—1950 年，教会学校与中国女校在教
育模式等方面的不同，但在文化交流上所起的重要作用，其中金陵
女子大学、华北协和女子大学、燕京大学女部三所教会女子学校同
"美国七姐妹学院"建立了良好的联系，并将一部分杰出女性推向
世界，也使"美国七姐妹学院"为中国女性教育做出了显著的贡献

1　Xiaoping Cong, "From 'cainü' to 'nü jiaoxi'：Female Normal Schools and the Transformation of
　Women's Education in the Late Qing Period,1895–1911," in Nanxiu Qian, Grace S. Fong, Richard
　Joseph Smith, eds., *Different Worlds of Discourse: Transformations of Gender and Genre in Late Qing and Early
　Republican China*, Leiden: Brill, 2008. 此文由其著作 *Teachers' Schools and the Making of the Modern Chinese
　Nation-State, 1897-1937*, Vancouver: University of British Columbia Press, 2007 部分章节改写。

2　Paul John Bailey，*Gender and Education in China: Gender Discourses and Women's Schooling in the Early
　Twentieth Century*, New York: Routledge, 2007.

（第 93 页）。[1]

　　毋庸置疑，这些研究都与欧美学界对清朝晚期中西方交流，传统社会与近现代的变动、转型等二元对立问题的研究与反思有着密不可分的关系。

　　欧美学界对于女性著作及相关作品的翻译、资料汇编对于推动学界的进一步研究有着非常重要的积极作用，使本来"寂静"的女性声音通过这种汇编，经历编纂者的发现、筛选、以主题归类得以再发声，不啻一种研究创新。

（二）以特定文本中记载的女性为对象的研究与相关研究

　　对于传说、文学、文集作品等中反映出的女性形象及社会现实的研究，同样是学者了解女性、性别关系的重要途径。如何建立虚构性的描述与现实的文化意涵之间的联系，并且从中阐明历史的想象，艾梅兰（Maram Epstein) 通过对 17—19 世纪中叶《醒世姻缘传》《红楼梦》等五部小说的分析进行了尝试，描绘了明清小说在一定的意识形态影响下，对于社会性别的处理方式。[2]

　　文本传播对于女性不仅可以起到重新塑造的功用，甚至也暗示了女性发展的可能前景。胡缨（Ying Hu）聚焦于 1899—1918 年新女性形象的逐渐形成，《孽海花》《茶花女》翻译时的交织关系，以及小说中中西方女主角的行为、出现场景都暗示了女性在时代发展中可能有的新空间，到那时，"妇女将会在发生翻天覆地变化的历史

1　Ellen Widmer, "The Seven Sisters and China," Daniel H. Bays, Ellen Widmer,eds., *China's Christian Colleges: Cross-Cultural Connections, 1900-1950*, Stanford, Calif.: Stanford University Press, 2009.

2　Maram Epstein, *Competing Discourses: Orthodoxy, Authenticity, and Engendered Meanings in Late Imperial Chinese Fiction*, Cambridge: Harvard University Asia Center, 2001, 后由罗琳译为《竞争的话语：明清小说中的正统性、本真性以及所生成之意义》，江苏人民出版社，2005。

环境中重制其文化权威"（中文版，第220页），这个过程中翻译进行不同文化语境中文本的转换，充当了一种隐喻，为新女性的兴起提供了一个有历史根据的范例。[1]

　　总的来说，此类研究有利于扭转中国传统女性的无知形象，并且努力发现、再现历史中作为主体的女性形象与作用。但是不可避免的是，大多数情况下，这种研究囿于文本的限制多将目光集中在精英群体的女性身上，对最为普遍的中下层女性很难开展更深入的研究。

　　此外，需要补充的是，欧美学界对于大量基本资料的整理收集做出了重要的贡献。例如方秀洁等人推动的加拿大麦吉尔大学—哈佛燕京图书馆"明清妇女著作"数字计划项目既是近年妇女史研究发展的见证，也为欧美学界进一步研究中国女性问题提供了便利条件，已使很多学者受惠。澳大利亚学者萧虹（Lily Xiao Hong Lee）等人编纂了《中国妇女传记辞典》（Biographical Dictionary of Chinese Women），应该是到目前为止学界编辑整理的女性传记辞典中规模最大的版本，包括中国历史上各类女性在史籍等中的记载情况，如清代卷记录女性包括皇后、嫔妃、节妇等200名以上。该套书共分为四卷：清代卷（1644—1911）、上古到隋卷（公元前1600—公元618）、辛亥革命后到20世纪末卷（1911—2000）、唐到明卷（618—1644）。目前清代卷已出版中文版，也会惠及后来学者。[2]

1　Ying Hu, *Tales of Translation: Composing the New Woman in China, 1899-1918*, Stanford, Calif.: Stanford University Press, 2000, 后由龙瑜宬、彭姗姗译为《翻译的传说》，江苏人民出版社，2009。

2　Lily Xiao Hong Lee et al., eds., *Biographical Dictionary of Chinese Women: The Qing Period, 1644-1911*, Armonk, New York: M.E. Sharpe, Inc.,1998; *Biographical Dictionary of Chinese Women: The Twentieth Century 1912-2000*, Armonk, New York: M.E. Sharpe, Inc.,2003; *Biographical Dictionary of Chinese Women: Antiquity through SUI, 1600 B.C.E. 618 C.E.*, Armonk, New York: M.E. Sharpe, Inc.,2007; *Biographical Dictionary of Chinese Women: Tang Though Ming 618-1644*, New York: Routledge., 2014. 萧虹总主编《中国妇女传记辞典：清代卷（1644—1911）》（中文版），悉尼大学出版社，2010。

三　权力与日常经验

现在的研究说明，女性并没有缺席于历史，但是她们的"失语"状态使女性在政治、权力运作中的状况并不明了。欧美学界在后现代主义相关理论发展的影响下，较先尝试解读女性在权力关系中的组织建构以及作用模式，这种权力的关注不仅仅是以往对国家政治权力的关注、对突出女性的研究或者是家内的女性管理等，也是日常生活、权力的形成与分配模式，对于资料相对匮乏的中下层女性的研究非常有利。

白馥兰（Francesca Bray）别开生面地以物质文化构建了宋至清的性别权力经纬。她从居住空间、女性的工作、女性生育与保健等方面着眼，分析了技术在日常生活中如何日积月累地塑造性别规则和角色。[1]张琳德（Linda Cooke Johnson）的著作则提供了一个对比的视角，认为辽金时期的东北地区女性呈现出了"前所未有"的景象，在日常生活中会骑马、狩猎甚至会加入战争。她们的形象和受到儒家伦理的约束的南方女性形成了生动的对比。这种对比研究也为了解古代女性的行为模式提供了一个新视角。[2]女性在性别秩序的构建中，必然会与男性进行权力的博弈。但是有一个群体的女性——帝王身边的女性，她们的日常生活和国家政治密切相连，马克梦（Keith McMahon）通过一桩桩生动的事件来分析国家政治同

1　Francesca Bray, *Technology and Gender: Fabrics of Power in Late Imperial China*, Berkeley: University of California Press, 1997，后由江湄、邓京力译为《技术与性别——晚期帝制中国的权力经纬》，江苏人民出版社，2006。

2　Linda Cooke Johnson, *Women of the Conquest Dynasties: Gender and Identity in Liao and Jin China*, Honolulu: University of Hawai'i Press, 2011.

性别秩序的错综复杂的权力关系。[1]

彭慕兰（Kenneth Pomeranz）作为享誉中外的经济史学家，近年来也对中国历史上的女性的经济生活和性别秩序的构建有所关注，如其在演讲中对伊懋可（Mark Elvin）的一些观点，如 18 世纪以后因为可利用耕地的减少，女性要更多地担任非农业资源和饲养家畜、采集之类的工作，或者承担手工业产品销售前的加工工作，为此女性劳动者的死亡率上升，以及李伯重相关研究成果进行了探讨。彭慕兰认为 18 世纪时"江南女性棉纺织生产者的平均收入在收入阶梯中占有特别重要的地位"（第 215 页），纺织品在日常生活中重要的礼仪功用及以此产生的经济影响，都说明在农民中儒家性别秩序的解体。[2] 其实彭慕兰的此篇演讲，大有意犹未尽之感，期待其对此问题的深入研究。[3]

女性意识逐渐觉醒，并进一步发展，酝酿成为女权运动，这也是近代以来女性权力变化的重要动力之一。中国女权发展的过程迥异于欧美社会，起初是伴随着革命的步伐，在男性的倡议和行动中，赋予女性权力的，但是并不代表女性是完全的被给予者。马育新（Yuxin Ma）对 1898—1937 年女新闻工作者在女权运动中的作

1　Keith McMahon，*Women Shall Not Rule: Imperial Wives and Concubines in China from Han to Liao*, Lanham, Md.: Rowman & Littlefield Publishers, 2013.

2　彭慕兰：《体面经济：中华帝国晚期的农村收入、非稳定性与性别规范》，王文生译，《近代中国妇女史研究》第 14 期，2006 年；Mark Elvin，*The Retreat of the Elephants: An Environmental History of China*, New Haven: Yale University Press, 2004。

3　此外，彭慕兰也关注到民间信仰、国家与性别角色之间的关系。他围绕 16 世纪到 20 世纪中叶关于泰山娘娘（碧霞元君）女神信仰中的争议深入文化框架，认为人们对于美貌、性征、与危险女神的性别想象使文人更加质疑信仰的合法性，同时这种信仰也经历了国家态度的转变，在这个过程中平民依然保持着他们的信仰，这种研究理路对于妇女史的研究极具启发意义。彭慕兰：《上下泰山——中国民间信仰政治中的碧霞元君（约公元 1500 年至 1949 年）》，《新史学》第 20 卷第 4 期，2009 年。

用以及出版界中关于父权与女性角色的论战进行了研究。这些女性倡议女权、讨论国家政策、评论时事，成为公共领域活跃的力量，突破了儒家的性别秩序、以往的城市公共秩序，以此反映女性在新闻写作中的性别意义。[1]

在分析性别、政治权力博弈的过程中，法律文本也是重要的史料之一，尤其伴随着《天圣令》《名公书判清明集》、"刑科题本"等法律文本的新近整理，欧美学界也积极参与，在新近的研究成果中对于这些资料的应用都不是罕事。

通过前述，可以发现近年来欧美学界的中国妇女史研究具有以下特点：一是跨学科、跨领域，医学、人类学、社会学的界限在研究中逐渐模糊，使研究方法更加多元化；二是跨国家的全球视野，毫无疑问，欧美学界的妇女史研究必然是在西方背景下对异文化的观照，这也促使一些学者追求全球史的视野，因此，他们对文化间的比较研究有着浓厚兴趣，以此反观自身文化时，可以更好地发现问题；三是时跨古今，欧美学界的妇女史研究凸显了以问题为中心的研究模式，是对于今日中国问题的历史思考。

1　Yuxin Ma, *Women Journalists and Feminism in China, 1898-1937*, Amherst, N.Y.: Cambria Press, 2010.

附录二　宋代商业中女性境况分析[*]

　　重重叠叠的文本构成了今天我们对于宋代商业发展的认识，但在父权制的中国古代，文本记叙主要是男性的话语载体，其中有关商业中女性的信息，需要通过女性的视角来解读，以此发掘出更丰富的内涵。

　　早在 20 世纪 30 年代，全汉昇先生就在《宋代女子职业与生计》中对宋代女子维系生活的方式做出了细致的考察，¹ 从实业、游艺、杂役、妓女诸方面仔细划分了女子从事的职业和生计方式，其中对女子商业经营之类型做出了简要叙述，开启了

---

* 柳雨春、杨果著，载于《北京理工大学学报》（社会科学版）2011 年第 1 期。
1 全汉昇：《宋代女子职业与生计》，《食货》第 1 卷第 9 期，1935 年。

现当代有关宋代女性生计职业的最早研究。张金花《宋代女性经商探析》则对女性经商问题进行了较深入的考察，[1]作者利用宋代文集、笔记、小说等材料分析了女性经商的类型、经商的主要特征等。相关论文还可参见张邦炜《两宋妇女的历史贡献》、[2]郑必俊《论两宋妇女在经济文化方面的贡献》[3]等。

一 被遗忘的事实：商业中女性的普遍存在

自父权制产生，对女性的种种规范便史不绝书。《礼记·内则》有关"男不言内，女不言外"的记载已明确规定了性别分工的社会秩序，后世成书的《女诫》《女孝经》《女论语》等女子读物，更是强调"完美女性"的标准是侍奉舅姑、相夫教子、主理"中馈"等，对于女性门户之外的活动则既缺乏文字表述，也没有理论支持，社会舆论更无从构建起女性从事商业活动的氛围。两宋以降，理学逐渐形成、发展，对女性的禁锢进一步苛严。尽管"道学盛于宋，宋弗究于用，甚至有厉禁焉"，只是"后之时君世主，欲复天德王道之治，必来此取法矣"，[4]但"男外""女内"的理想秩序始终是宋朝士大夫追求的主流价值，司马光甚至在过去的"门户"之外更加上"中门"的限制，强调"男治外事，女治内事，男子昼无故不处私室，妇人无故不窥中门"。[5]像这类对女性活动空间的严格限制，

---

1 张金花：《宋代女性经商探析》，《中国史研究》2006年第4期。

2 张邦炜：《两宋妇女的历史贡献》，《社会科学研究》1997年第6期。

3 郑必俊：《论两宋妇女在经济文化方面的贡献》，北京大学中国传统文化研究中心编《北京大学百年国学文粹·史学卷》，北京大学出版社，1998。

4 《宋史》卷四二七《道学一》，中华书局，1985，第12710页。

5 司马光：《司马氏书仪》卷四《居家杂仪》，据学津讨原排印本，王云五主编《丛书集成初编》，商务印书馆，1936，第43页。

在宋人的家训等文本中比比皆是，不胜枚举。

但在实际生活的层面，女性的活动并没有也不可能仅仅局限在闺房之内。皇室妇女、官宦妻妾以身份之便频繁参与政治生活自不待言，就普通女子而言，无论是节日庆典、宗教活动，还是娱乐休闲等，都不乏她们的身影，如《东京梦华录》载："北山子茶坊。内有仙洞、仙桥，仕女往往夜游，吃茶于彼。"[1]《清明上河图》《货郎图》等宋代民俗画，对这类场景都有更生动、直观的描绘。同时，女子活跃在农业、手工业等各类社会生产活动中，她们也是形形色色商业活动的踏浪者。上自国家诏令，下至地方习俗，我们不时看到有关女商贩活动的规定：

> 凡贩夫贩妇细碎交易，岭南商贾费生药及民间所织缣帛，非鬻于市者皆勿算。常税名物，令有司件析颁行天下，揭于版，置官署屋壁，俾其遵守。应算物货而辄藏匿，为官司所捕获，没其三分之一，以半畀捕者。贩鬻而不由官路者罪之。有官须者十取其一，谓之"抽税"。[2]

这里的"贩夫贩妇"只是泛称，并非专指从商女性，但是，我们从中仍然可见国家对于女性经商的认可，并给予她们一些政策上的照顾，允其杂货类小买卖不纳商税。这条诏令被收录在一些地方志中，如乾隆《江南通志》载："太宗淳化二年诏，除商旅货币外，其贩夫贩妇细碎交易，并不得收其算。"[3]

1　孟元老著，邓之诚注《东京梦华录注》卷之二《潘楼东街巷》，中华书局，1982，第70页。
2　《宋史》卷一八六《食货下八》，第4541—4542页。
3　乾隆《江南通志》卷七九，《景印文渊阁四库全书》第509册，台湾商务印书馆，1986，第283页。

　　有的地区还针对女性经商者做出更为具体的规定，也予以一定照顾："（淳化元年二月十六日诏）每遇市集，居人妇女货卖柴米者，邕州人收一钱以为地铺之直，琼州粳米计税四钱，糯米五钱。并除之。"[1]

　　由此可见，女性经商是国家、地方各级官府普遍认同的现象，女性并没有消失于市场。

二　有条件的存在：士人对从商女性的叙述

　　在士人笔下，女性经商是有条件的，她们的身份主要有两种：参与家庭经营或独自经营。

　　参与家庭经营的女性，在宋人的笔记中，其形象多半是负面的，她们或欺诈奸猾，或唆使丈夫不义。如《夷坚志》记浦城永丰村的一家夫妻旅店，淳熙间（1174—1189）有严州客人携丝绢等财货于此暂住数日，店家主妇一面与客私通，一面唆使其夫谋财害命。[2]

　　文献中更常见的是独自经商的女性，她们多是寡居者，且生活境况堪忧。如《渑水燕谈录》记卢多逊贬官离京时，途中在一小店休憩，见"店妪举止和淑，颇能谈京华事"，店妪称其"家故汴都"，后"尽室沦丧，独残老躯，流落居此"，[3]无亲无故，境遇凄凉。《夷坚志》中的鄂州"民媪李二婆，居于南草市，老而无子，以鬻盐自给"。[4]《睽车志》也记载了汴河岸边"有卖粥妪"长期流动经

1　徐松辑《宋会要辑稿》食货一七之一二，中华书局，1957，第5089页。

2　洪迈：《夷坚志》乙卷第三《浦城道店蝇》，何卓点校，中华书局，1981，第204页。

3　王辟之：《渑水燕谈录》卷九《杂录》，中华书局，1981，第112页。

4　洪迈：《夷坚志》补卷第二五《李二婆》，第1775页。

营，"日以所得钱置觥筒中，暮则数"，[1]营生惨淡。对于这些生活困窘的女性，士大夫们表达出足够的同情。

还有一些女性虽有丈夫却独自经商，在宋代士大夫笔下，这通常是因为她们的丈夫不事生产、家庭贫困而不得已而为之。具以《宋史·列女传》中的一条记载为例：

> 朱氏，开封民妇也。家贫，卖巾屦簪珥以给其夫。夫日与侠少饮博，不以家为事，犯法徙武昌。父母欲夺而嫁之，朱曰："何迫我如是耶？"其夫将行，一夕自经死，且曰："及吾夫未去，使知我不为不义屈也。"[2]

这条记载可见如下。

其一，《宋史·列女传》并不回避朱氏从事末业的经历，反映出舆论不排斥女性经商。

其二，女性经商有一定的前提，这也是社会所认可的条件，即其夫不事生产，朱氏是为了供给丈夫而经商买卖的，其商业行为没有形成规模。

其三，朱氏入《列女传》的主要原因是她对丈夫不离不弃。

《宋史·列女传》的这种叙述模式正是宋代士人所建构的。用袁采的话来说：

> 妇人有以其夫蠢懦而能自理家务，计算钱谷出入，人不能欺者；有夫不肖，而能与其子同理家务，不致破荡家产者；有

1　郭彖：《睽车志》卷三，本社编《宋元笔记小说大观》，上海古籍出版社，2001，第 4101 页。

2　《宋史》卷四六〇《列女传》，第 13479 页。

> 夫死子幼而能教养其子敦睦内外姻亲，料理家务至于兴隆者，
> 皆贤妇人也！而夫死子幼，居家营生最为难事。托之宗族，宗
> 族未必贤；托之亲戚，亲戚未必贤。贤者又不肯预人家事。惟
> 妇人自识书算，而所托之人衣食自给，稍识公义，则庶几焉。
> 不然，鲜不破家。[1]

所谓"贤妇人"，必然是在丈夫不能治家营生，家中其他男性
也不可倚靠的前提下，才有必要和可能显示其置业理家之"贤"。

总之，宋代士人通过文本营造出女性经商合理性的话语环境：
婚姻家庭失落，生存成为首要问题。上升到国家诏令、政策的层
面，也是如此。由此，"男外女内"的理想与女性活跃于商场的现
实，二者之间的断裂有了合乎逻辑的衔接。

尽管如此，主流价值观对于活跃在市场中的女性仍然存在着较
普遍的猜忌和防范，袁采便明确提醒世人道："尼姑、道婆、媒婆、
牙婆及妇人以买卖针灸者为名者，皆不可令入人家。"[2] 在宋代士大
夫这里，女性生活的理想状态终究不在门户之外。

三　对从商女性生存境况的分析

（一）普遍的贫困——中下层女性的生存压力

与男性一样，女性从商者也以处于社会底层的小商小贩居多，
她们的生活艰辛而脆弱，士大夫们对此有较充分的关注：

1　袁采:《袁氏世范》卷一《睦亲》, 中华再造善本影印宋刻本, 北京图书馆出版社, 2003, 第
19—20 页。
2　袁采:《袁氏世范》卷三《治家》, 第 13 页。

贩妇贩夫陆拾枣栗，水捉螺蠃，足趼指秃，暴露风雨，罄其力不过一钧之举，计其价仅足一日之食。正昼过市，欲人问之，而未尝顾也；日暮人散，鸡栖于埘，豚归于苙，突未及薪，釜未及粟，其色焦然，揭之则屡用，弃之则可惜。皇皇扣人之门户，几何不悲吟行乞矣。此其意何也，所养者薄而所售者急也。[1]

贩妇们为一日三餐而奔波，生计面临着严峻考验。
此外，官府的盘剥和税收使她们的营生更加艰难：

嘉熙三年，臣僚言："今官司以官价买物，行铺以时直计之，什不得二三。重以迁延岁月而不偿，胥卒并缘之无艺，积日既久，类成白著，至有迁居以避其扰、改业以逃其害者。甚而蔬菜鱼肉，日用所需琐琐之物，贩夫贩妇所资锥刀以营斗升者，亦皆以官价强取之。终日营营，而钱本俱成干没。商旅不行，衣食路绝。望特降睿旨，凡诸路州县官司买物，并以时直；不许辄用官价，违者以赃定罪。"从之。[2]

政府的需求即使是琐碎物品也从市场获得，可官价与市值有区别，这对小商贩无疑是重负。一些士人指出，贩妇与贩夫同为苛税所苦，"而吾邑独秉急令，出暴政，头会箕敛，家至户到，贩夫贩妇不能免焉"。[3] "贩夫贩妇举贷经生以糊其口，贸易如意得利仅如牛

---

1 李昭玘：《乐静集》卷一一《代四兄求荐举书》，《景印文渊阁四库全书》第1122册，第312—313页。

2 《宋史》卷一八六《食货下八》，第4555—4556页。

3 马廷鸾：《碧梧玩芳集》卷一七《益国赵公生祠记》，四川大学古籍整理研究所编《宋集珍本丛刊》第87册，清乾隆翰林院钞本，线装书局，2004，第219页。

毛"，十分有限的收入，"而折阅者率大半，万一计较少利，瞒税而入，一或见逻，纵不到官，钱物已罄，倘吏不厌所求，械系送府，受刑追偿，不惟举室饥饿，又且逋债督迫，实可怜悯"。[1] 贩夫贩妇们在艰难营生的同时，承担着政府税收，沟通着物资交流。

（二）越界的行为——女性的违法经商行为

宋代茶、盐、矾、香等"利博，故以官为市焉"，[2] 很多人因此铤而走险，私贩茶、盐、香药等以追逐厚利，其中就有女性。太宗时曾令"凡出茶州县，民辄留及卖鬻计直千贯以上，黥面送阙下，妇人配为铁工"。[3]

再如太祖乾德二年（964）《禁私犯香药犀牙诏》载：

> 自今禁买广南、占城、三佛齐、大食国、交州、泉州、两浙及诸蕃国所出香药、犀牙。其余诸州府土产药物，即不得随例禁断，与限令取便货卖。如限满，破货未尽，并令于本处州府中卖入官；限满不中卖，即逐处收捉勘罪，依新条断遣。……应犯私香药、犀牙，据所犯物处时估价，纽足陌钱，依定罪断遣，所犯私香药、犀牙，并没官。……应干配役人并刺面配逐处重役，纵遇恩赦，如年限未满，不在放免之限。应有犯者，令逐处勘鞫，当日内断遣，不得淹延禁系。妇人与免刺面，配本处针工充役，依所配年限满日放。[4]

1　舒璘：《舒文靖集》卷下《上新安张守札子》，《景印文渊阁四库全书》第 1157 册，第 546 页。
2　《宋史》卷一八五《食货下七》，第 4537 页。
3　李焘：《续资治通鉴长编》卷一八，太宗太平兴国二年丁未条，中华书局，2004，第 398 页。
4　徐松辑《宋会要辑稿》食货三六之一、二，第 5432 页。

可见女性参与了茶、盐的走私。

苏辙则有诗云：

> 久雨得晴唯恐迟，既晴求雨来何时。今年舟楫委平地，去年蓑笠为裳衣。不知天公谁怨怒，弃置下土尘与泥。大夫强健四方走，妇女龌龊将安归。塌然四壁倚机杼，收拾遗粒吹糠粞。东邻十日营一炊，西邻谁使救汝饥？海边唯有盐不旱，卖盐连坐收婴儿。传闻四方同此苦，不关东海诛孝妇。[1]

反映出因连年灾害，一些女性凭借地理优势贩卖私盐。

女性的违法经商行为犹如芒刺划破了儒士大夫有关女性"卑弱"的期待。

（三）永恒的利益——从商女性的根本动机

宋代女性较之前代更多地被卷入商业活动浪潮的原因是多样的：城市的发展、商业的繁荣以及兼并的加剧等。如苏辙就认为"今之农者，举非天子之农而富人之农也。至于天下之游民、贩夫贩妇、工商技巧之族，此虽无事乎田，然日食其力，而无以为朝夕之用，则此亦将待人而生者也"。[2]为数众多的贩夫贩妇是因为失去土地而不得不以商贩活动来谋生的。

但是，毋庸置疑，商品经济的发展也激发了贩夫贩妇们追逐利润之心，不少人在生计问题得到基本解决后并无罢手之意，宋代从商女性中便不乏积极谋利并善于经营因而发达者。如临安名小吃

1　苏辙：《栾城集》卷五《次韵子瞻吴中田妇叹》，《景印文渊阁四库全书》第1112册，第49页。
2　苏辙：《栾城应诏集》卷一〇《进策五道之二》，《景印文渊阁四库全书》第1112册，第910页。

"宋五嫂鱼羹"的制作者宋五嫂，本"汴京酒家妇，善作鱼羹"，南宋初"侨寓苏堤"，因善于经营，"遂成富媪"。[1]

《夷坚志》中记载了一位"侠妇人"，也颇善于营生。她先是"罄家所有"，买来磨驴七八头，麦数十斛，磨得面后，自己"骑驴入城鬻之，至晚负钱以归。率数日一出，如是三年，获利愈益多，有田宅矣"。[2]

与士人所营造的话语环境并不一致，在事实的层面，对经济利润的追逐是女性从商者的原动力和至高目标。

简而言之，宋代女性参与商业活动相当普遍，尽管众多文本对于女性从商的合理性做出种种限制，但女性出于对利益的追求投身商场是不可抹杀的社会现实，宋代女性的生活状态并非如后代所想象的那样如死水一般窒息，她们有自己的存在价值，也为宋代的商业繁荣做出了自身的贡献。

1　丁传靖辑《宋人轶事汇编》卷三《高宗》，中华书局，1981，第 79 页。
2　洪迈:《夷坚志》乙志第一《侠妇人》，第 190 页。

图书在版编目（CIP）数据

轻尘暗生：身体史视角下的宋代妓女 / 柳雨春著
. -- 北京：社会科学文献出版社, 2025.3
　（九色鹿. 唐宋）
　ISBN 978-7-5228-2749-0

　Ⅰ. ①轻…　Ⅱ. ①柳…　Ⅲ. ①娼妓 - 社会问题 - 研究
- 中国 - 宋代　Ⅳ. ①D691.98

　中国国家版本馆CIP数据核字（2023）第224154号

·九色鹿·唐宋·

轻尘暗生：身体史视角下的宋代妓女

著　　者 / 柳雨春

出 版 人 / 冀祥德
责任编辑 / 郑庆寰
文稿编辑 / 梅怡萍
责任印制 / 王京美

出　　版 / 社会科学文献出版社·历史学分社（010）59367256
　　　　　地址：北京市北三环中路甲29号院华龙大厦　邮编：100029
　　　　　网址：www.ssap.com.cn
发　　行 / 社会科学文献出版社（010）59367028
印　　装 / 北京联兴盛业印刷股份有限公司

规　　格 / 开　本：787mm×1092mm 1/16
　　　　　印　张：13.5　字　数：168 千字
版　　次 / 2025年3月第1版　2025年3月第1次印刷
书　　号 / ISBN 978-7-5228-2749-0
定　　价 / 79.80元

读者服务电话：4008918866